Mujeres poderosas en la historia

Phillips Tahuer
Ediciones Afrodita

Copyright © 2024 Ediciones Afrodita
Todos los derechos reservados

Contenido

Introducción
1. Cleopatra VII (69-30 a.C.)
2. Juana de Arco (1412-1431)
3. Isabel I de Inglaterra (1533-1603
4. Sor Juana Inés de la Cruz (1651-1695) –
5. Catalina la Grande (1729-1796)
6. Ada Lovelace (1815-1852)
7. Harriet Tubman (1822-1913)
8. Marie Curie (1867-1934)
9. Emmeline Pankhurst (1858-1928)
10. Frida Kahlo (1907-1954)
11. Rosalind Franklin (1920-1958)
12. Simone de Beauvoir (1908-1986)
13. Margaret Thatcher (1925-2013)
14. Malala Yousafzai (1997-)
15. Angela Merkel (1954-)
16. Hipatia de Alejandría (370-415 d.C.)
17. Hatshepsut (1507-1458 a.C.)
18. Florence Nightingale (1820-1910)
19. Indira Gandhi (1917-1984)
20. Rigoberta Menchú (1959-)
21. Benazir Bhutto (1953-2007)
22. Wangari Maathai (1940-2011)
23. Amelia Earhart (1897-1937)
24. Virginia Woolf (1882-1941)
25. Aung San Suu Kyi (1945-)

Introducción

A lo largo de la historia de la humanidad, numerosas mujeres han dejado una huella imborrable en diversos campos, desde la ciencia y la política hasta el arte y los derechos humanos. Sin embargo, durante siglos, las narrativas predominantes han tendido a marginar o incluso omitir las contribuciones de las mujeres, especialmente en momentos en que las estructuras patriarcales limitaron sus oportunidades y su reconocimiento. Este libro, Mujeres Poderosas en la Historia, busca destacar las vidas y legados de veinticinco mujeres excepcionales, cuyas acciones y logros cambiaron el curso de sus disciplinas, inspiraron a millones y continuarán influyendo en nuestra sociedad hoy en día.

¿Qué define a una mujer poderosa? La respuesta no es simple ni unidimensional. En estas páginas exploraremos una variedad de formas de poder: el intelectual de Marie Curie, quien transformó el ámbito de la física y la química con sus investigaciones radiactivas; el poder político de Indira Gandhi, que lideró a la India durante uno de sus períodos más complejos y desafiantes; y el poder transformador de figuras como Harriet Tubman, cuyo coraje inquebrantable salvó la vida de cientos de esclavos y despertó la conciencia social sobre la esclavitud en Estados Unidos.

La palabra "poderosa" abarca tanto el impacto visible como el silencioso. En este sentido, algunas de las mujeres aquí presentadas desafiaron directamente las normas y estructuras, mientras que otras trabajaron dentro, a menudo enfrentando represalias, aislamiento y sacrificios personales para mantenerse fieles a sus ideales. Mujeres como Simone de Beauvoir no solo transformaron el pensamiento feminista, sino que abrieron un nuevo camino de introspección y comprensión sobre la igualdad de género, redefiniendo las relaciones entre los sexos. Mientras tanto, figuras como Wangari Maathai cambiaron el curso de la historia al conectar la conservación ambiental con los derechos humanos, algo impensado en su época y aún hoy en la vanguardia de la acción social y ecológica.

Cada mujer en este libro proviene de un contexto distinto: culturas, épocas y obstáculos que variaron ampliamente. Florence Nightingale, una de las pioneras en la enfermería moderna, redefinió los cuidados de la salud en una época en que se ignoraban los derechos y la dignidad de los enfermos. En la era contemporánea, mujeres como Malala Yousafzai nos recuerdan que la lucha por la educación y la justicia sigue vigente, incluso en contextos de adversidad extrema.

El poder de estas mujeres radica también en sus diferencias. A través de sus biografías, veremos cómo figuras como Cleopatra y Hatshepsut utilizaron su ingenio y determinación para liderar Egipto y protegerlo de amenazas internas y externas; mujeres como Frida Kahlo, quien canalizó su dolor personal en su arte, convirtiéndolo en una herramienta de expresión profunda y auténtica de la experiencia humana; y figuras como Emmeline Pankhurst, quien organizó una lucha sin precedentes en pro del sufragio femenino, conquistando derechos fundamentales para las futuras generaciones de mujeres.

La intención de este libro no es solo relatar sus vidas, sino ofrecer también una reflexión sobre su impacto en el mundo moderno. ¿Cómo se mide el legado de una mujer en el contexto de su tiempo y de los siglos posteriores? ¿Cómo se entienden sus contribuciones en un mundo donde, a pesar de los avances, las mujeres continúan enfrentando desigualdades? Cada historia que leeremos en estas páginas nos invita a recordar que el poder puede presentarse de muchas formas y que las acciones de estas mujeres no solo generaron cambios en sus propias vidas, sino que sembraron las bases para los avances sociales, científicos y políticos de los cuales hoy somos beneficiarios.

Este libro, es un homenaje a la fuerza, la inteligencia, la creatividad y el valor de estas veinticinco mujeres. Sus biografías representan una celebración de sus logros y una oportunidad para recordar que el poder de una persona para cambiar el mundo no tiene género ni limitaciones. Con estas historias, queremos que cada lector y lectora encuentre inspiración y se sienta llamado a perseguir sus propios sueños y a luchar por un mundo más equitativo. Porque, como estas mujeres nos enseñan, el poder de la determinación, el conocimiento y la integridad tiene el potencial de transformar sociedades enteras.

Uno de los temas más evidentes al explorar la vida de estas mujeres es su valentía al desafiar los estereotipos de su época. De esta manera, Amelia Earhart desafió la percepción de que el vuelo era un territorio exclusivamente masculino, demostrando que la audacia y el talento para la aviación no dependían de género.

Muchas de estas mujeres, al enfrentarse a las barreras de género y expectativas limitantes, demostraron que la capacidad de liderazgo, el ingenio y la fortaleza emocional son cualidades inherentes al ser humano y no dependen de ninguna construcción social. A través de sus actos de desafío y perseverancia, hicieron que generaciones enteras reconsideraran lo que es posible y quiénes están autorizados a alcanzar el éxito en cualquier ámbito.

Cada una de las mujeres en este libro ha dejado un legado que sigue siendo relevante en la actualidad. En tiempos en que la igualdad de género aún es una meta por alcanzar en muchas partes del mundo, historias como las de estas mujeres nos recuerdan lo lejos que hemos llegado y lo que aún queda por lograr. Sus vidas muestran que la historia no es solo una serie de eventos, sino un tejido de luchas, desafíos y conquistas individuales que, en conjunto, trazan el progreso de la humanidad.

Personas como Ada Lovelace, cuyo trabajo pionero en algoritmos para la máquina analítica de Charles Babbage sentó las bases de la programación informática, nos recuerdan que el ámbito de la ciencia y la tecnología se debe a las contribuciones de muchas mujeres que, en su tiempo, no fueron reconocidas como debían. En el mundo moderno, donde la tecnología juega un papel fundamental en nuestras vidas, el trabajo de Lovelace es un claro recordatorio de que la innovación no tiene género y que el reconocimiento de las mujeres en STEM (ciencia, tecnología, ingeniería y matemáticas) es fundamental para inspirar a futuras generaciones.

Este libro no solo narra la historia de estas mujeres como algo lejano, sino que también se propone inspirar y empoderar a las nuevas generaciones. Cada biografía contiene momentos que invitan a reflexionar y nos recuerdan que la lucha por la igualdad y la justicia es un camino continuo. A través de estas historias, esperamos que las lectoras y lectores encuentren no solo admiración, sino también un estímulo para actuar en sus propias vidas, con la misma convicción, valentía y ética de aquellas que les precedieron.

Es importante recordar que el poder no se mide solo en términos de logros visibles. En muchos casos, es la determinación y la resiliencia, mantenidas a lo largo de años y en circunstancias difíciles, las que definen a una persona poderosa. La fortaleza de estas mujeres no radica únicamente en los éxitos que lograron, sino en su capacidad para resistir, para imaginar un mundo diferente y para actuar con decisión y esperanza en momentos en los que otros hubieran perdido la fe. Desde la entrega de Florence Nightingale en el cuidado de los heridos hasta el liderazgo visionario de mujeres como Angela Merkel, cada una de estas historias nos muestra la capacidad de un solo ser humano para marcar la diferencia.

Mujeres Poderosas en la Historia es un viaje a través de siglos de avances logrados por mujeres que no solo sobresalieron en sus áreas de especialización, sino que también redefinieron lo que significa el poder. Sus historias son un recordatorio de que cada persona puede contribuir al cambio y de que los límites que impone la sociedad pueden ser superados con valor y determinación.

En estas páginas, esperamos brindar un tributo y una plataforma para las voces de quienes, contra todas las expectativas, lograron hacer una diferencia. Que la vida de estas mujeres sirva no solo como un homenaje a su legado, sino como una inspiración duradera para todos aquellos que sueñan con un futuro mejor y están dispuestos a luchar para construirlo. Porque al recordar sus historias, también recordamos el poder que yace en cada uno de nosotros para crear un mundo más justo, equitativo y lleno de oportunidades para todas y todos.

1. Cleopatra VII

Es una de las figuras femeninas más fascinantes de la historia antigua. Nació en el año 69 a.c. en Alejandría y fue hija de Ptolomeo XII. Su vida y su reinado (51-30 a.c.) fueron marcados por una compleja red de alianzas políticas y una intensa lucha por preservar la independencia de Egipto frente a la expansión del Imperio Romano.

Cleopatra sobresalió en el ámbito político por su astucia y habilidad para formar alianzas estratégicas, especialmente con líderes romanos de alto rango, como Julio César y Marco Antonio. Como reina, comprendió que el equilibrio de poder en el Mediterráneo dependía en gran medida de Roma. Para proteger su país, Cleopatra utilizó tanto su intelecto como su carisma.

Hablaba varios idiomas —entre ellos griego, egipcio y posiblemente hebreo y árabe— y era la única de su dinastía que se identificaba como egipcia en un tiempo en el que la cultura helenística dominaba la región. Esta capacidad de adaptación cultural le permitió conectar mejor con el pueblo egipcio y reforzar su legitimidad como gobernante.

Su primer gran alianza fue con Julio César, a quien recibió en Egipto en el contexto de una guerra civil con su hermano Ptolomeo XIII, con quien cogobernaba. Cleopatra, deseosa de controlar el reino, utilizó su inteligencia y encanto para ganar el apoyo de César, asegurando así el trono de Egipto. De esta unión nació su hijo Cesarión, quien simbolizaba la alianza entre Roma y Egipto. Aunque la relación con César terminó abruptamente con su asesinato en el 44 a.C.,

Cleopatra mantuvo su poder e independencia a través de su política astuta.

Más tarde, Cleopatra estableció otra poderosa alianza con Marco Antonio, uno de los líderes más influyentes de Roma tras la muerte de César. Con él compartió una relación personal y política que se transformó en un pacto de amor y poder. Cleopatra financió las campañas militares de Antonio, y juntos intentaron consolidar un imperio oriental que podría haber cambiado el equilibrio de poder en Roma. La famosa batalla de Actium en el 31 a.C. marcó el fin de este sueño, y después de su derrota frente a Octavio (futuro emperador Augusto), Cleopatra optó por quitarse la vida en el año 30 a.C., evitando así ser exhibida como prisionera en Roma.

El legado de Cleopatra ha perdurado a lo largo de los siglos, no solo como una reina de gran inteligencia y encanto, sino como una figura cultural compleja. Su habilidad para jugar en la arena política, su defensa de Egipto y su determinación la convirtieron en un símbolo de poder femenino.

Su muerte marcó el final de la independencia de Egipto, que fue anexionado a Roma, pero su influencia cultural continuó. A lo largo de los siglos, Cleopatra ha sido una fuente de inspiración en la literatura, el arte y el cine. Ha sido representada tanto como una figura seductora y exótica como una estratega feroz y gobernante sabia, mostrando la dualidad de su vida y personalidad.

Cleopatra VII dejó un legado duradero como una de las mujeres más poderosas de la historia, uniendo carisma, inteligencia y una política calculada para mantener su reino frente al poderío romano. Su historia es un recordatorio de la complejidad y resiliencia femeninas en un mundo gobernado mayoritariamente por hombres, y sigue siendo una inspiración para aquellos interesados en el poder, la diplomacia y la historia antigua.

2. Juana de Arco

Fue una figura icónica en la historia de Francia y es recordada como una de las más grandes heroínas del país. Nació en 1412 en Domrémy, una pequeña aldea en el noreste de Francia, en una época de guerra y crisis para el reino. La Guerra de los Cien Años entre Francia e Inglaterra estaba en un punto crítico, y gran parte del territorio francés estaba ocupada por los ingleses y sus aliados borgoñones. En este contexto, Juana emergió como una líder militar inspirada por sus visiones religiosas, y a los 17 años se convirtió en una pieza clave para la victoria francesa en la guerra.

Juana de Arco sobresalió en el ámbito militar, no tanto por su habilidad como estratega, sino por su carisma y capacidad para inspirar a las tropas en un momento en el que el país estaba dividido y el ejército desmoralizado. Desde joven, Juana afirmó escuchar voces de santos y ángeles que la llamaban a salvar a Francia y a ayudar a Carlos VII a recuperar su trono. Guiada por estas visiones, se acercó a la corte de Carlos y le pidió autorización para liderar a sus tropas contra los ingleses. A pesar de las dudas iniciales,

Carlos le concedió permiso, y Juana, vestida con armadura, tomó las armas y se ganó la confianza del ejército y del pueblo francés.

Juana de Arco se destacó en la Batalla de Orleans, que fue su primera gran victoria en 1429 y un punto de inflexión en la guerra. En esta batalla, lideró el ataque con una valentía inquebrantable, inspirando a las tropas y logrando una victoria decisiva que rompió el asedio inglés y restauró la moral de los franceses. Tras la victoria en Orleans, Juana acompañó a Carlos VII en una serie de campañas que despejaron el camino para que él fuera coronado en la catedral de Reims. Este acto simbólico reafirmó el derecho de Carlos al trono y dio un nuevo impulso al bando francés.

Sin embargo, la trayectoria de Juana fue breve y trágica. En 1430, mientras defendía la ciudad de Compiègne, fue capturada por los borgoñones, aliados de los ingleses, quienes la entregaron a sus enemigos. Fue sometida a un juicio en Rouen, llevado a cabo por un tribunal eclesiástico pro-inglés que la acusó de herejía, apostasía y uso de ropa masculina, entre otros cargos. Durante el juicio, Juana defendió su fe y sus visiones con firmeza, pero finalmente fue condenada y sentenciada a morir en la hoguera. El 30 de mayo de 1431, a la edad de 19 años, Juana de Arco fue ejecutada en la plaza de Rouen.

Su legado es vasto y complejo. La muerte en la hoguera fue vista como un acto de martirio y despertó la indignación de muchos en Francia, convirtiéndola en un símbolo de resistencia y patriotismo. En 1456, un segundo tribunal revisó el juicio y la absolvió de todos los cargos, restableciendo su honor. Finalmente, en

1920, la Iglesia Católica la canonizó, convirtiéndola en santa y reafirmando su lugar como una de las figuras religiosas más importantes de Francia.

Juana de Arco dejó un legado de valentía y sacrificio que trascendió la época medieval y sigue vigente hoy. Fue una joven que desafió las expectativas de género, defendió su país con convicción y logró inspirar a una nación en un momento de desesperanza. Su vida y sacrificio continúan siendo un símbolo de fe, patriotismo y coraje, y su figura es recordada como un modelo de liderazgo y dedicación a un propósito superior.

3. Isabel I de Inglaterra

Nació el 7 de septiembre de 1533 en Greenwich, Londres. Fue la hija de Enrique VIII y Ana Bolena, y su vida estuvo marcada por los conflictos religiosos, las disputas políticas y los cambios dinásticos que sacudieron a Inglaterra en el siglo XVI. Isabel subió al trono en 1558 y reinó hasta su muerte en 1603, un período de casi 45 años que se conoce como la Era Isabelina, un tiempo de florecimiento cultural, exploración y consolidación de Inglaterra como una gran potencia europea.

Isabel I sobresalió en el ámbito político y diplomático en una época extremadamente volátil. Su vida, desde el principio, estuvo rodeada de peligros: su madre fue ejecutada cuando Isabel tenía solo dos años, y al quedar sin madre y sin derecho de sucesión, su posición en la corte fue inestable. Sin embargo, su inteligencia y educación la prepararon para una vida de gobernante. Al tomar el trono, se enfrentó a una Inglaterra dividida entre católicos y protestantes y con una economía débil. Isabel demostró su habilidad diplomática al navegar con cuidado en este contexto religioso: desarrolló una versión moderada del protestantismo, conocida como la Iglesia Anglicana, lo que le permitió consolidar el control y reducir las tensiones internas.

Su habilidad política también se reflejó en su decisión de permanecer soltera. Conocida como "La Reina Virgen", Isabel utilizó su estatus de soltera para establecer alianzas con otras potencias europeas, utilizando la posibilidad de matrimonio como una herramienta diplomática sin perder el control político que podría haberse comprometido con un matrimonio.

Durante su reinado, Isabel fomentó el crecimiento cultural y apoyó a dramaturgos como William Shakespeare y Christopher Marlowe, quienes transformaron el teatro inglés y sentaron las bases de la literatura moderna. La época de Isabel también vio el florecimiento de la música, el arte y la poesía. Su corte se convirtió en un centro cultural y político, y esta prosperidad artística se expande por todo el país.

Además, Isabel apoyó la exploración marítima, lo que llevó a la expansión del comercio y el inicio del colonialismo inglés. Bajo su patrocinio, exploradores como Sir Francis Drake y Sir Walter Raleigh aprendieron expediciones que desafiaron a la marina española y abrieron nuevas rutas comerciales. Estos exploradores iniciaron los primeros cimientos del

Imperio Británico, y su victoria sobre la Armada Invencible en 1588 marcó el comienzo de la supremacía naval inglesa.

Uno de los mayores logros de Isabel fue la defensa de Inglaterra contra la Armada Invencible, enviada por Felipe II de España en 1588. En una guerra que parecía desfavorable para los ingleses, Isabel inspiró a sus tropas con su famoso discurso en Tílburi, donde proclamó que tenía "el corazón y estómago de un rey". La derrota de la Armada Invencible fue un momento decisivo que consolidó a Inglaterra como una potencia marítima y marcó el declive del poderío español.

El legado de Isabel I es inmenso. Su reinado fortaleció la identidad nacional inglesa y fue un período de estabilidad política y esplendor cultural sin precedentes. Al dejar un reino fuerte, centralizado y próspero, Isabel sentó las bases para el futuro Imperio Británico. Su política religiosa moderada, su habilidad para evitar conflictos internos y su capacidad para manejar el poder sin la intervención de un esposo la convirtió en un modelo de liderazgo femenino en una época dominada por hombres.

Su vida y su reinado han sido celebrados en la historia y la cultura popular como un ejemplo de inteligencia política y determinación. Isabel I dejó una Inglaterra más unida, poderosa y culturalmente rica, y su reinado sigue siendo recordado como una época dorada.

4. Sor Juana Inés de la Cruz

Nacida como Juana Inés de Asbaje y Ramírez de Santillana el 12 de noviembre de 1651 en San Miguel Nepantla, México, es una de las figuras más destacadas del Siglo de Oro de la literatura en español. Su inteligencia, talento literario y pasión por el conocimiento la llevaron a ser una de las escritoras, poetas y pensadoras más influyentes de su época. Además de sus logros en la literatura, su vida representa una lucha por los derechos de las mujeres a la educación y a la libertad de expresión, lo cual la convierte en una figura inspiradora y adelantada a su tiempo.

Sor Juana sobresalió en el ámbito literario, especialmente en poesía, teatro y prosa. Desde muy joven, mostró una sed insaciable por el conocimiento, aprendiendo a leer a los tres años y destacando rápidamente por su habilidad para la poesía. En su adolescencia, fue presentada en la corte virreinal de Nueva España (hoy México), donde impresionó a los intelectuales de la época por su conocimiento y agudeza mental. Pronto decidió unirse a la vida religiosa en el convento de San Jerónimo en la Ciudad de México, donde encontró un espacio para dedicarse a sus estudios y su escritura.

Sor Juana escribió una amplia variedad de obras, que incluyen sonetos, redondillas, villancicos, ensayos y obras de teatro. Su poesía, que aborda temas amorosos, filosóficos y teológicos, destaca por su profundidad y su lenguaje elegante y preciso. También se caracterizó por incluir en sus obras una crítica aguda hacia las injusticias de su época, especialmente en cuanto a la posición y limitaciones de las mujeres en la sociedad colonial. Su poema más conocido, "Hombres necios que acusáis", es una denuncia de la hipocresía y doble moral de los hombres hacia las mujeres.

Además de su talento literario, Sor Juana fue una de las primeras mujeres en América en defender abiertamente el derecho de las mujeres a la educación y el acceso al conocimiento. Su obra más famosa en este sentido es la "Respuesta a Sor Filotea de la Cruz", una carta en la que defiende su derecho a estudiar y a escribir, desafiando a la autoridad eclesiástica que le había pedido que abandonara su dedicación intelectual. En esta carta, Sor Juana argumenta que el deseo de conocimiento es una virtud y que el aprendizaje es una manera de honrar a Dios, independientemente del género.

El legado de Sor Juana Inés de la Cruz ha perdurado durante siglos, convirtiéndose en una inspiración para movimientos feministas y en un símbolo de la lucha por la igualdad y los derechos de la mujer. Su obra ha sido estudiada y admirada en todo el mundo, y es considerada uno de los más grandes poetas de la literatura en español. La figura de Sor Juana se ha convertido en un símbolo de resistencia y de defensa de la libertad intelectual y de expresión, y su vida y obra han inspirado a escritores, académicos y activistas a lo largo de los años.

Hoy, Sor Juana es recordada como la "Décima Musa" y su legado sigue vivo, recordándonos la importancia del acceso al conocimiento, la libertad de pensamiento y el derecho de las mujeres a la educación y la cultura.

Su voz continúa siendo relevante y admirada en todo el mundo de habla hispana y más allá, consolidándola como una de las figuras literarias y culturales más importantes de América Latina y del mundo.

5. Catalina la Grande

Nacida como Sofía Federica Augusta de Anhalt-Zerbst el 2 de mayo de 1729 en Stettin (entonces parte de Prusia, ahora Polonia), fue emperatriz de Rusia desde 1762 hasta su muerte en 1796. Durante su reinado de 34 años, Catalina transformó a Rusia en una de las principales potencias europeas, promoviendo la modernización de sus instituciones, la expansión territorial y el florecimiento de las artes y la cultura. Su visión progresista y su firme liderazgo la convirtieron en una de las figuras más destacadas de la historia rusa y europea.

Catalina sobresalió en el ámbito político y reformista, marcando una nueva era de progreso y modernización en Rusia. Inspirada por los ideales de la Ilustración, Catalina emprendió una serie de reformas para mejorar el gobierno, la economía y la educación en Rusia. En 1767, encargó la redacción de un código de leyes que pretendía reformar la justicia y proteger los derechos de los súbditos, aunque las reformas no llegaron a aplicarse plenamente debido a la complejidad del sistema feudal y las resistencias de la nobleza. Aun así, Catalina promovió el comercio, impulsó el desarrollo de la industria y apoyó la creación de instituciones educativas.

En su gobierno, Catalina implementó una serie de reformas para reorganizar la administración regional de Rusia, aumentando la eficiencia del gobierno y el control sobre las provincias. También apoyó la educación de las mujeres y fomentó la creación de hospitales, orfanatos y escuelas, en un intento por modernizar la sociedad rusa y acercarla a las ideas europeas.

Uno de los mayores logros de Catalina fue la expansión territorial de Rusia, que se extendió considerablemente durante su reinado. Catalina libró guerras exitosas contra el Imperio Otomano y expandió el control ruso en la región del Mar Negro, estableciendo el acceso ruso a importantes rutas comerciales. En el oeste, bajo su gobierno, Rusia se convirtió en una de las potencias que dividieron Polonia, y adquirió vastas porciones de su territorio a través de las Particiones de Polonia (1772, 1793 y 1795), consolidando así su influencia en Europa Oriental.

Su política militar también fue crucial para establecer a Rusia como una gran potencia europea. Bajo su liderazgo, el ejército ruso se fortaleció y obtuvo victorias que reafirmaron la presencia y el poder de Rusia en el panorama europeo.

Catalina la Grande fue una gran impulsora de la cultura y las artes. Fue una ávida lectora y mantenía correspondencia con destacados filósofos e intelectuales de la época, como Voltaire y Diderot, lo cual la conectó con los círculos de la Ilustración europea. Su interés en la educación y la cultura la llevó a fundar la famosa Hermitage en San Petersburgo, que comenzó como su colección personal de arte y se convirtió en uno de los museos más grandes y prestigiosos del mundo.

Además, apoyó la literatura, el teatro y las ciencias, contribuyendo al crecimiento intelectual de Rusia y fomentando la creación de una cultura nacional. Catalina también escribió varias obras de teatro y ensayos en los que reflexionaba sobre política, filosofía y educación.

Catalina es recordada como una de las monarcas más influyentes de la historia de Rusia, admirada por su firmeza, visión y dedicación a la grandeza del país. Su reinado transformó a Rusia, y su figura sigue siendo una de las más poderosas y complejas de la historia europea. A través de sus políticas y su amor por las artes y la Ilustración, Catalina dejó un legado cultural e histórico que continúa inspirando a Rusia y al mundo.

6. Ada Lovelace

Nacida Augusta Ada Byron el 10 de diciembre de 1815 en Londres, fue una matemática y escritora británica, reconocida por sus innovadoras contribuciones a la informática y considerada la primera programadora de la historia. Hija del célebre Lord Byron y de la matemática Anne Isabella Milbanke, Ada mostró desde temprana edad una gran aptitud para las matemáticas y las ciencias, influenciada en gran medida por su madre, quien la alentó a cultivar una educación racional y analítica. A pesar de haber vivido en el siglo

XIX, en un entorno que limitaba las oportunidades para las mujeres en el ámbito científico, Ada Lovelace rompió las barreras y se dedicó al estudio de las matemáticas, alcanzando una notable colaboración con el matemático Charles Babbage en su invención del motor analítico.

Ada sobresalió en el ámbito de las matemáticas y la informática. Su talento y curiosidad la llevaron a conocer a Charles Babbage, un pionero de la computación, con quien desarrolló una amistad y una colaboración profesional. Babbage estaba trabajando en su "motor analítico", un diseño de computadora mecánica avanzada que, si bien nunca fue completado en su totalidad, fue un precursor conceptual de las computadoras modernas. Ada se interesó profundamente en el proyecto de Babbage y fue invitada a traducir al inglés un artículo escrito por el matemático italiano Luigi Federico Menabrea, que describía el funcionamiento del motor analítico.

Sin embargo, su contribución más importante fue mucho más allá de la mera traducción. Ada agregó un conjunto de notas propias, conocidas como "Notas de Ada", que triplicaron el tamaño del artículo original. Estas notas contienen análisis y reflexiones que anticipan muchas ideas sobre la computación moderna. En particular, Lovelace elaboró un algoritmo detallado que permitiría al motor analítico calcular los números de Bernoulli, convirtiéndose en el primer algoritmo diseñado para ser procesado por una máquina. Este logro es lo que hoy la consagra como la primera programadora de la historia.

Una de las contribuciones más visionarias de Ada fue su comprensión de que las computadoras podrían ir más allá de los cálculos matemáticos y podrían manipular símbolos y procesar información en una amplia variedad de formas. Esto fue revolucionario en una época en la que las máquinas eran vistas únicamente como herramientas de cálculo. Ada imaginó que un día las máquinas podrían crear música, componer piezas de arte e incluso realizar tareas complejas que involucrarían el procesamiento de datos y el razonamiento lógico. Su famosa afirmación de que el motor analítico podía llegar a "actuar sobre cosas distintas a los números" es vista hoy como un punto clave en la historia de la informática.

Ada Lovelace murió joven, a los 36 años, debido a un cáncer de útero, y en vida su trabajo pasó en gran parte desapercibido. No fue hasta el siglo XX, con el desarrollo de la informática moderna, que sus contribuciones comenzaron a recibir el reconocimiento que merecían. Hoy, su trabajo es considerado una de las primeras visiones de lo que sería la ciencia de la computación. En 1979, el Departamento de Defensa de los Estados Unidos creó el lenguaje de programación "Ada" en su honor, reconociendo su papel pionero en la historia de la programación.

El legado de Ada Lovelace se extiende más allá de sus contribuciones técnicas. Su vida y trabajo simbolizan la importancia de la inclusión de las mujeres en el ámbito científico y tecnológico. Su pensamiento innovador y su capacidad de imaginar el futuro de las máquinas como herramientas universales han inspirado a generaciones de científicos, matemáticos y programadores. Lovelace sigue siendo una figura inspiradora y es celebrada como una de las mentes más brillantes y pioneras de la ciencia y la tecnología, un modelo de inteligencia y creatividad en un campo dominado históricamente por hombres.

7. Harriet Tubman

Nacida en marzo de 1822 en el condado de Dorchester, Maryland, fue una figura destacada en la lucha por la abolición de la esclavitud en Estados Unidos y una de las más célebres activistas del siglo XIX. De origen africano y nacida en la esclavitud, Tubman arriesgó su vida en múltiples ocasiones para liberar a decenas de personas esclavizadas a través de la red de rutas clandestinas conocida como el "Ferrocarril Subterráneo". Su valentía y determinación la convirtió en un símbolo de libertad y resistencia en la historia estadounidense. Además de su rol como abolicionista, Tubman fue enfermera, espía y activista por los derechos civiles y de las mujeres, dejando un legado de coraje y compasión.

Harriet Tubman sobresalió en el ámbito del activismo abolicionista. En 1849, escapó de la esclavitud y se dirigió hacia el norte, logrando su libertad. Sin embargo, su propia libertad no fue suficiente para ella, y decidió regresar al sur en repetidas ocasiones, desafiando el peligro y arriesgando su vida para ayudar a otras personas esclavizadas a escapar. Durante los años 1850 y 1860, Tubman realizó al menos trece misiones para liberar a aproximadamente setenta personas, incluyendo familiares y amigos, utilizando una red secreta de rutas, casas seguras y personas dispuestas a ayudar en lo que se conoció como el Ferrocarril Subterráneo.

Tubman era conocido como "Moisés" entre los esclavizados, en referencia al líder bíblico que liberó a su pueblo de la esclavitud. Mostrando una inteligencia y determinación extraordinarias, nunca perdió a una sola persona bajo su cuidado. Gracias a su habilidad para evitar la captura y su valentía frente al peligro, se convirtió en una de las activistas más reconocidas y respetadas de la época.

Cuando comenzó la Guerra Civil estadounidense en 1861, Tubman vio la oportunidad de contribuir a la causa de la Unión y la liberación de los esclavizados en el sur. Trabajó como enfermera en hospitales de campaña, donde trataba a soldados heridos y personas esclavizadas que huían de los estados sureños. Sin embargo, su participación en la guerra no se limitó a labores médicas; Tubman también trabajó como espía para el Ejército de la Unión.

En 1863, dirigió la expedición del río Combahee en Carolina del Sur, que permitió liberar a más de 700 personas esclavizadas. Fue la primera mujer en liderar una operación militar en Estados Unidos, un hecho notable que demuestra su audacia y habilidad como estratégica. A lo largo de la guerra, continuó recolectando información clave y participando en misiones arriesgadas, reafirmando su papel como una de las líderes más efectivas de la lucha abolicionista.

Después de la guerra, Harriet Tubman se desarrolló en Auburn, Nueva York, donde continuó su labor humanitaria. Dedicó su vida a causas sociales y trabajó incansablemente para apoyar los derechos de las personas afroamericanas y de las mujeres. Fue activista por el derecho al voto de las mujeres y colaboró con importantes figuras del movimiento sufragista, como Susan B. Anthony. En sus últimos años, desarrolló un hogar para personas afroamericanas ancianas y necesitadas en Auburn, brindando ayuda y apoyo a quienes más lo necesitaban.

El legado de Harriet Tubman sigue siendo una poderosa inspiración para los movimientos de derechos humanos y civiles. Su vida representa la lucha incansable por la libertad y la justicia, y su valentía ha resonado en las luchas por la igualdad racial y los derechos de las mujeres en Estados Unidos. Su nombre es sinónimo de fortaleza, resiliencia y sacrificio en pos de la libertad y los derechos humanos.

En la actualidad, su figura es ampliamente reconocida y honrada. En 2016, el Departamento del Tesoro de los Estados Unidos anunció que su imagen aparecería en el billete de 20 dólares, un homenaje significativo a su contribución histórica a la libertad y justicia en el país. Harriet Tubman dejó un legado imborrable que sigue recordándonos la importancia de la lucha por los derechos y la dignidad humana para todos y cada uno de nosotros.

8. Marie Curie

Nacida como María Salomea Skłodowska el 7 de noviembre de 1867 en Varsovia, Polonia, fue una científica pionera en los campos de la física y la química, conocida por su investigación sobre la radiactividad. Su trabajo transformó la ciencia moderna y sentó las bases para importantes avances en medicina, física nuclear y radioterapia. Fue la primera mujer en recibir un Premio Nobel y la única persona en ganar Nobel en dos campos científicos distintos, logrando uno en física (1903) y otro en química (1911). Su dedicación al conocimiento científico y su contribución a la humanidad han dejado un legado monumental.

Marie Curie sobresalió en el ámbito de la física y la química, destacándose especialmente en el estudio de la radiactividad, un término que ella misma acuñó. Su interés en la ciencia comenzó a una edad temprana, influenciada por su padre, un maestro de ciencias en Polonia. Sin embargo, debido a restricciones educativas para las mujeres en su país natal, emigró a París en 1891, donde ingresó a la Universidad de la Sorbona para estudiar física y matemáticas.

En 1894, conoció al físico Pierre Curie, con quien se casó un año después y formó una legendaria colaboración científica. Juntos comenzaron a estudiar los fenómenos radiactivos recientemente descubiertos por Henri Becquerel. En 1898, Marie y Pierre descubrieron dos elementos nuevos: el polonio, al cual Marie nombró en honor a su país natal, y la radio. Este descubrimiento no solo representó un avance fundamental en la ciencia, sino que abrió las puertas a nuevas áreas de estudio en física y medicina.

La contribución de Marie Curie en este ámbito le valió el Premio Nobel de Física en 1903, el cual compartió con Pierre Curie y Henri Becquerel. Tras la muerte de Pierre en 1906, Marie continuó su trabajo, demostrando una dedicación inquebrantable a la investigación científica. En 1911, recibió su segundo Premio Nobel, esta vez en química, en reconocimiento a su descubrimiento del radio y el polonio y su aislamiento de sustancias radiactivas puras, una hazaña impresionante en la época.

El trabajo de Marie Curie en el campo de la radiactividad también tuvo un profundo impacto en la medicina. Durante la Primera Guerra Mundial, se desarrollaron unidades móviles de radiografía, conocidas como "petites Curies", que se utilizaban para tratar a soldados heridos en el frente. Ella misma trabajó en el campo y entrenó a otras mujeres para que operaran estas unidades, brindándoles un invaluable servicio de diagnóstico que ayudó a salvar muchas vidas.

Además, su investigación fue fundamental para el desarrollo de la radioterapia, una de las principales terapias en el tratamiento del cáncer. Su trabajo permitió la aplicación de elementos radiactivos para destruir células cancerígenas, convirtiendo al radio en una herramienta médica revolucionaria. Hoy en día, la radioterapia sigue siendo una técnica importante en oncología, y su uso comenzó en gran medida gracias al trabajo pionero de Curie.

El legado de Marie Curie trasciende el ámbito de la investigación científica; su vida y logros desafiaron barreras sociales y de género, y pavimentaron el camino para futuras generaciones de mujeres en la ciencia. Fue la primera mujer en ocupar un puesto de profesora en la Universidad de la Sorbona y la primera en recibir un entierro honorífico en el Panteón de París, junto a grandes figuras de la historia de Francia. Su dedicación absoluta a la ciencia y su valentía para desafiar las normas sociales inspiraron a innumerables mujeres a seguir carreras en campos científicos.

Marie Curie también fundó el Instituto Curie en París, un centro de investigación que hoy sigue siendo un referente en el estudio de la física y la medicina. El instituto ha continuado su trabajo en el tratamiento y la investigación del cáncer, convirtiéndose en una parte fundamental de su legado científico y humanitario.

Marie Curie sigue siendo un símbolo de tenacidad, dedicación y brillantez. Su contribución a la ciencia no solo cambió nuestra comprensión del mundo, sino que también allanó el camino para el uso de la ciencia en beneficio de la humanidad. A través de sus descubrimientos y su compromiso con la investigación, Marie Curie dejó un legado duradero que sigue influyendo en la medicina moderna y la investigación científica.

Hoy, Marie Curie es recordada como una de las mentes científicas más brillantes y una pionera que rompió barreras de género en un tiempo donde las mujeres tenían un acceso muy limitado a la ciencia. Su vida y obra continúan siendo un modelo de excelencia, sacrificio y compromiso con el avance del conocimiento, dejando una marca imborrable en la historia de la humanidad.

9. Emmeline Pankhurst

Nacida el 15 de julio de 1858 en Mánchester, Inglaterra, fue una líder indiscutible del movimiento sufragista británico y una de las principales figuras en la lucha por los derechos de las mujeres en el siglo XX. Fundadora de la Unión Social y Política de las Mujeres (WSPU, por sus siglas en inglés), Pankhurst revolucionó la causa del voto femenino con su enfoque directo y militante. Su determinación y liderazgo la convirtió en una figura clave para asegurar el derecho al voto para las mujeres en el Reino Unido, dejando un legado perdurable en la historia de los derechos civiles y de género.

Emmeline Pankhurst sobresalió en el ámbito del activismo por los derechos civiles, enfocando su vida en el sufragio femenino. Desde una temprana edad, Emmeline fue influenciada por sus padres, quienes defendían ideales progresistas y la expusieron a ideas sobre la igualdad y justicia. Se casó a los 20 años con el abogado Richard Pankhurst, quien también apoyaba el sufragio femenino y la igualdad de derechos, lo que consolidó su dedicación a la causa de los derechos de las mujeres.

En 1903, después de ver que el movimiento sufragista tradicional avanzaba muy lentamente, Pankhurst fundó la WSPU junto con sus hijas Christabel y Sylvia. La WSPU se destacaba por su lema "Hechos, no palabras" y su enfoque radical. Pankhurst y sus seguidoras estaban decididas a obtener el voto para las mujeres y usaban tácticas de protesta que incluían marchas, manifestaciones, huelgas de hambre y, en algunos casos, actos de desobediencia civil, como romper ventanas y encadenarse a edificios públicos. Estas tácticas atrajeron atención pública y mediática, así como una respuesta severa del gobierno, que encarceló a numerosos sufragistas, incluida la propia Emmeline.

Durante sus períodos de encarcelamiento, Pankhurst y otros sufragistas adoptaron las huelgas de hambre como forma de protesta. Las autoridades, tratando de evitar la muerte de las prisioneras y la mala publicidad, comenzaron a alimentarlas a la fuerza, una práctica dolorosa y peligrosa que atrajo aún más la simpatía pública hacia la causa. En 1913, el gobierno británico promulgó la Ley de Descarga Temporal de Prisioneros (conocida como la "Ley del Gato y el Ratón"), que permitía liberar a los sufragistas en huelga de hambre hasta que recuperaran su salud, para luego reencarcelarlas. A pesar de estas duras medidas, Pankhurst nunca abandonó la lucha y continuó organizando campañas y manifestaciones.

Con el estallido de la Primera Guerra Mundial en 1914, Emmeline Pankhurst suspendió las actividades de la WSPU y decidió apoyar el esfuerzo bélico. Animó a las mujeres a unirse a la fuerza laboral y asumir roles que normalmente habían sido ocupados por hombres. Este cambio en las circunstancias hizo que la sociedad británica comenzara a valorar las contribuciones de las mujeres, y el gobierno británico reconsideró sus políticas hacia el sufragio femenino.

Finalmente, en 1918, el Parlamento aprobó la Ley de Representación del Pueblo, que concedió el derecho de voto a las mujeres mayores de 30 años que cumplían ciertos requisitos de propiedad, y en 1928, el sufragio fue extendido a todas las mujeres mayores de 21. años en igualdad de condiciones que los hombres. Aunque Emmeline Pankhurst no vivió para ver el sufragio total, que fue aprobado poco después de su muerte, su lucha incansable fue fundamental para alcanzar esta meta.

El legado de Emmeline Pankhurst se puede ver hoy en los avances de los derechos civiles y de género, inspirando a generaciones de mujeres a luchar por la igualdad y los derechos democráticos. Fue una figura revolucionaria que demostró que la persistencia y la resistencia podían transformar el panorama social y político de su país y el mundo. Su enfoque militante y su capacidad de liderazgo la convierten en una de las figuras más influyentes en la historia del feminismo y los derechos de las mujeres.

En 1928, poco antes de su muerte, Emmeline fue nombrada candidata parlamentaria por el Partido Conservador, lo cual demuestra el reconocimiento que alcanzó al final de su vida. En 1930, dos años después de su fallecimiento, se erigió una estatua en su honor cerca del Palacio de Westminster, en Londres, y su legado continúa siendo una inspiración para quienes luchan por la justicia y la igualdad de género.

Emmeline Pankhurst no solo cambió la historia del Reino Unido, sino que también dejó un impacto duradero en el movimiento de derechos de las mujeres a nivel global. Su vida es recordada como un testimonio de valentía y perseverancia en la búsqueda de justicia e igualdad, y su legado permanece vivo en las luchas actuales por los derechos de las mujeres en todo el mundo.

10. Frida Kahlo

Nacida el 6 de julio de 1907 en Coyoacán, Ciudad de México, fue una pintora de talento único y una de las artistas más reconocidas y admiradas del siglo XX. Su obra, marcada por su vida personal y el profundo simbolismo, le dio un lugar destacado en el arte moderno y en el movimiento del surrealismo. Kahlo utilizó su arte como un medio para expresar sus dolores físicos y emocionales, convirtiéndose en un ícono de la autenticidad, el empoderamiento femenino y la resistencia. Aunque vivió una vida llena de sufrimiento físico, su creatividad y autenticidad la llevaron a dejar un legado duradero en el arte y la cultura.

A los seis años, Kahlo contrajo polio, lo que afectó permanentemente su pierna derecha. Sin embargo, fue a los 18 años cuando su vida cambió radicalmente debido a un accidente de autobús que le provocó múltiples fracturas en la columna vertebral, pelvis y otras partes del cuerpo. Las graves lesiones la obligaron a pasar largos períodos en cama, donde comenzó a pintar para escapar de su sufrimiento. Su madre le instaló un espejo sobre la cama, permitiéndole usar su propia imagen como modelo. Este hecho marcó el inicio de su estilo distintivo, utilizando su propia figura para expresar sus sentimientos y experiencias.

En 1929, Kahlo se casó con el reconocido muralista mexicano Diego Rivera, una relación tormentosa y apasionada que influyó profundamente en su obra. Ambos compartieron ideales políticos, identificándose con el comunismo y el nacionalismo mexicano, lo cual también quedó reflejado en la iconografía de sus pinturas.

Frida Kahlo sobresalió en el ámbito de la pintura, creando un estilo único que combinaba el surrealismo con el realismo. Aunque André Breton, uno de los fundadores del surrealismo, consideraba a Kahlo como una surrealista, ella misma negaba pertenecer a este movimiento, afirmando que no pintaba sueños, sino su realidad. Su obra se caracteriza por un profundo simbolismo y una sinceridad desgarradora, reflejando sus luchas internas, su relación compleja con Rivera, su amor por México, y su dolor físico y emocional.

Muchos de sus autorretratos muestran temas como la dualidad, la identidad, el sufrimiento y la feminidad, plasmados con colores vibrantes, símbolos indígenas mexicanos y referencias al folclore. Pinturas como Las dos Fridas (1939) y La columna rota (1944) son emblemáticas de su estilo, mostrando a Kahlo en toda su vulnerabilidad y fuerza, enfrentando su dolor y las pérdidas emocionales. Sus obras no solo exploran su vida personal, sino también cuestiones de género, identidad y lucha interna, convirtiéndose en un lenguaje visual para expresar la complejidad de ser mujer y vivir en un cuerpo que ella misma describe como una "jaula".

Kahlo también se destacó como activista política, abogando por el comunismo y los derechos de las mujeres en una época en la que las voces femeninas eran menospreciadas en la sociedad mexicana y en el mundo del arte. Junto a Diego Rivera, Frida se comprometió con causas sociales, apoyando la lucha por la igualdad y la justicia. Su forma de vestir y su vida personal, incluyendo su vestimenta tradicional tehuana y su expresión abierta de su sexualidad, desafió las normas convencionales de género y feminidad, y sigue siendo una fuente de inspiración para el feminismo contemporáneo.

El legado de Frida Kahlo es inmenso y multifacético, pues no solo revolucionó la pintura moderna, sino que también se convirtió en un ícono cultural y un símbolo de resistencia. Su casa en Coyoacán, la famosa "Casa Azul", fue convertida en museo en 1958, cuatro años después de su muerte, y continúa siendo uno de los museos más visitados de México, atrayendo admiradores de todas partes del mundo.

A través de su arte, Kahlo ayudó a abrir espacios de diálogo sobre temas como la identidad, el cuerpo femenino y el dolor, temas que aún hoy siguen siendo explorados por artistas y activistas. Además, su imagen es reconocida a nivel global, convirtiéndose en una figura de referencia para movimientos de identidad cultural, feminismo y resiliencia.

La imagen de Kahlo ha sido reinterpretada en múltiples disciplinas, desde la moda hasta la música y el cine, y su vida ha sido objeto de numerosas películas, documentales y libros. En 2002, su vida fue llevada al cine en la película Frida, protagonizada por Salma Hayek, la cual contribuyó aún más a su reconocimiento internacional. Kahlo sigue siendo una inspiración para quienes buscan autenticidad y valentía para expresar su propio dolor y belleza interior.

Frida Kahlo no solo se destacó como artista; su vida y obra continúan siendo un símbolo de la capacidad humana para transformar el dolor en una fuerza creativa. Su legado trasciende el arte y representa una lucha personal y colectiva por la autoaceptación, la identidad y el empoderamiento, dejando una marca imborrable en la cultura y en la historia del arte.

11. Rosalind Franklin

Nacida el 25 de julio de 1920 en Londres, Inglaterra, fue una destacada química y cristalógrafa británica cuya investigación fue crucial para el descubrimiento de la estructura del ADN. A pesar de las barreras que enfrentó en su época por ser mujer en el mundo científico, su dedicación y precisión en el uso de la difracción de rayos X le permitió capturar imágenes detalladas del ADN, aportando de forma esencial al entendimiento de la biología molecular. Su trabajo en el ADN, el virus del carbón y el virus del mosaico del tabaco fortaleció su reputación como una pionera científica.

Desde muy joven, Franklin demostró un talento sobresaliente para la ciencia y una determinación inquebrantable. Se educó en instituciones prestigiosas y obtuvo su doctorado en química física en la Universidad de Cambridge en 1945. Durante y después de la Segunda Guerra Mundial, trabajó en París, donde perfeccionó sus habilidades en el uso de la técnica de difracción de rayos X en el Laboratoire Central des Services Chimiques de l'État. Esta técnica se convertiría en la herramienta principal de sus investigaciones más relevantes, permitiéndole visualizar estructuras moleculares con gran precisión.

En 1951, Franklin regresó a Inglaterra y comenzó a trabajar en el King's College de Londres. Aquí, en el laboratorio de John Randall, se enfocó en la investigación del ADN. Franklin y su estudiante Raymond Gosling lograron producir las primeras imágenes claras del ADN en 1952, conocidas como las fotografías 51, que revelaban una estructura helicoidal en la molécula de ADN. Esta imagen se convertiría en la base fundamental para el descubrimiento posterior de la estructura de doble hélice del ADN.

El ámbito en el que sobresalió Franklin fue la cristalografía de rayos X, y su trabajo en el ADN fue trascendental. A través de sus investigaciones, descubrió que el ADN tenía una estructura helicoidal, con un patrón repetitivo que sugería la presencia de una doble hélice. Sin embargo, su trabajo se vio opacado por una controversia: su colega Maurice Wilkins, sin su permiso, mostró la famosa fotografía 51 a James Watson y Francis Crick, quienes utilizaron esta información clave para desarrollar su modelo de doble hélice. En 1953, Watson y Crick publicaron su modelo en la revista Nature, mencionando de forma indirecta el trabajo de Franklin, quien no recibió el mismo reconocimiento en su tiempo.

En 1962, Watson, Crick y Wilkins fueron galardonados con el Premio Nobel de Fisiología o Medicina por el descubrimiento de la estructura del ADN. Franklin, quien había fallecido en 1958 a los 37 años a causa de un cáncer de ovario, no fue considerada en el premio, en parte porque el Nobel no se otorga de forma póstuma. A pesar de esto, su contribución es hoy ampliamente reconocida y valorada en la comunidad científica.

Después de su tiempo en el King's College, Franklin continuó su investigación en el laboratorio de JD Bernal en el Birkbeck College, donde se dedicó al estudio de virus, incluyendo el virus del mosaico del tabaco. Su trabajo en virología fue igualmente innovador, sentando las bases para la cristalografía aplicada a virus y contribuyendo al desarrollo de la biología molecular. Publicó artículos significativos sobre la estructura de los virus, que fueron fundamentales para el estudio de enfermedades virales en humanos y plantas.

Su trabajo ayudó a formar el campo de la biología estructural, y, aunque tuvo una vida corta, sus investigaciones en cristalografía y virología continuaron impactando la ciencia de manera profunda.

El legado de Rosalind Franklin es inmenso y se ha fortalecido con el tiempo. Hoy, ella es reconocida como una pionera en la biología molecular y un símbolo de la igualdad de género en la ciencia. Sus aportaciones a la cristalografía de rayos X y su rigurosa metodología científica han sido esenciales para la comprensión moderna de la genética y la biología molecular.

Instituciones de todo el mundo han honrado su memoria nombrando edificios, becas y laboratorios en su honor, y la NASA bautizó el vehículo explorador de Marte en su misión ExoMars 2022 como Rosalind Franklin en reconocimiento a sus contribuciones. Además, en la actualidad, su historia es una inspiración para las mujeres que desean dedicarse a la ciencia y un recordatorio del papel crucial que desempeñarán en campos donde la presencia femenina ha sido históricamente limitada.

12. Simone de Beauvoir

Nacida el 9 de enero de 1908 en París, Francia, fue una destacada filósofa, escritora y activista que dejó un impacto fundamental en la filosofía, la literatura y el feminismo del siglo XX. Conocida por su obra más influyente, El segundo sexo (1949), de Beauvoir analizó las raíces de la opresión de la mujer y ofreció una crítica profunda de la sociedad patriarcal, posicionándose como una de las precursoras del feminismo moderno. Su vida y obra no solo se limitaron a los conceptos teóricos, sino que también defendió la libertad y autonomía de las mujeres en un mundo dominado por restricciones de género y normas tradicionales.

Desde joven, de Beauvoir demostró una inteligencia excepcional y una gran inclinación hacia el estudio de la filosofía y la literatura. Se graduó en filosofía en la Universidad de la Sorbona y luego ingresó en la École Normale Supérieure, una de las instituciones académicas más prestigiosas de Francia. Fue ahí donde conoció a Jean-Paul Sartre, con quien establecería una relación íntima y profesional única. Aunque se mantenían en una relación abierta, compartían ideales existencialistas y una visión comprometida con la libertad personal y social.

De Beauvoir se destacó en el ámbito del existencialismo, corriente filosófica que defendía la libertad individual y la responsabilidad personal. Su relación con Sartre fue más que una conexión romántica; Fue una colaboración intelectual y una oportunidad para desarrollar ideas revolucionarias sobre la autonomía y la libertad, temas fundamentales en su obra. Ambos consideraron que la existencia precede a la esencia, lo cual significa que el ser humano se define a sí mismo a través de sus actos y decisiones. Esta noción influenció de manera significativa la forma en que de Beauvoir abordó la opresión femenina, argumentando que las mujeres podían construir su identidad y encontrar la libertad a través de sus elecciones.

El ámbito en el que más sobresalió Simone de Beauvoir fue en la teoría feminista. Su obra El segundo sexo, publicada en dos tomos en 1949, es un análisis exhaustivo de la opresión de la mujer y una de las primeras exploraciones sistemáticas de las causas y efectos de la desigualdad de género. En esta obra, de Beauvoir describió cómo las mujeres habían sido históricamente relegadas a un estatus secundario, catalogadas como "el otro" en relación con los hombres. La famosa frase "No se nace mujer, se llega a serlo" resume su teoría de que la feminidad es un constructo social y no una condición biológica inmutable.

En El segundo sexo, de Beauvoir abordó temas como el matrimonio, la maternidad, el trabajo, la sexualidad y la libertad individual. Cuestionó la idea de que el rol de la mujer estuviera limitado al hogar y la familia, e instó a las mujeres a desafiar las normas tradicionales que las oprimían. Este trabajo marcó el inicio de una crítica radical hacia el patriarcado y se convirtió en un pilar del feminismo moderno, influyendo en movimientos de liberación femenina en todo el mundo.

Más allá de su contribución teórica, de Beauvoir fue también una activista comprometida con los derechos de las mujeres y de los grupos oprimidos. En la década de 1970, participó en protestas y en la lucha por la legalización del aborto en Francia, logrando el apoyo y la aprobación de la ley de interrupción voluntaria del embarazo en 1975. Fue también defensora de los derechos laborales de las mujeres, del acceso igualitario a la educación y de la igualdad salarial.

El legado de Simone de Beauvoir es amplio y multifacético. Fue una pionera en la construcción del feminismo contemporáneo, no solo promoviendo la igualdad, sino también redefiniendo la identidad femenina desde una perspectiva de libertad y autonomía. Su trabajo ha influido profundamente en las teorías feministas y en el activismo político y sigue siendo una lectura esencial para quienes estudian género, ética y filosofía.

La influencia de Beauvoir es especialmente palpable en las discusiones actuales sobre género, sexualidad y derechos humanos. El segundo sexo ha sido traducido a múltiples idiomas y es considerado uno de los textos más importantes y citados en los estudios de género. Inspiró y continúa inspirando a millones de mujeres y hombres a cuestionar las normas de género y a reconocer el impacto del patriarcado en sus vidas.

13. Margaret Thatcher

Nacida el 13 de octubre de 1925 en Grantham, Inglaterra, fue una política británica destacada por su papel como primera ministra del Reino Unido de 1979 a 1990. Como líder del Partido Conservador y primera mujer en ocupar este cargo en su país, Thatcher dejó una huella profunda en la política británica y mundial. Conocida como la "Dama de Hierro" por su firmeza en la toma de decisiones, Thatcher impulsó reformas económicas y sociales que transformaron profundamente al Reino Unido y definieron una era del conservadurismo moderno.

Desde temprana edad, Thatcher mostró un interés en la política y en la economía. Hija de un tendero y político local, aprendió de su padre el valor de la autosuficiencia y el esfuerzo personal. Estudió química en la Universidad de Oxford, donde fue presidenta de la Asociación Conservadora de la universidad. Después de graduarse, se dedicó al estudio del derecho y trabajó brevemente como abogada.

Su entrada en la política ocurrió en 1959, cuando fue elegida miembro del Parlamento por el Partido Conservador. Durante las décadas de 1960 y 1970, Thatcher fue ascendiendo en el partido hasta convertirse en ministra de Educación bajo el gobierno conservador de Edward Heath. En 1975, tras el fracaso de los conservadores en las elecciones, Thatcher fue elegida líder del Partido Conservador, posicionándose como la primera mujer en liderar un partido importante en el Reino Unido.

Thatcher sobresalió en el ámbito de las políticas económicas y la transformación del modelo económico británico, desarrollando lo que se conoce como "Thatcherismo". En 1979, se convirtió en la primera mujer en asumir el cargo de primera ministra, en un momento en el que el Reino Unido atravesaba una crisis económica grave, con alta inflación, desempleo y un poder sindical fuerte que generaba conflictos laborales frecuentes.

El Thatcherismo promovió un enfoque neoliberal caracterizado por la reducción de la intervención del Estado en la economía, la privatización de las empresas públicas, la desregulación de los mercados financieros y la reducción del poder de los sindicatos. Thatcher creía en un "Estado pequeño" que permitía la libre competencia y la responsabilidad individual. Su administración implementó recortes en los gastos sociales y promovió una economía basada en el mercado libre. Estas políticas enfrentaron mucha resistencia, especialmente de la clase trabajadora y de los sindicatos, pero lograron reducir la inflación y devolver al país una competitividad económica a nivel internacional.

Thatcher también implementó la privatización de empresas estatales, como British Telecom y British Airways, y reformó el sistema tributario. Aunque sus reformas económicas fueron controvertidas y causaron desempleo en varias industrias, especialmente en las regiones industriales del norte de Inglaterra, también contribuyeron a revitalizar la economía británica en la década de 1980, generando un auge económico y transformando a Londres en un centro financiero global.

Además de su impacto en la economía, Thatcher se destacó en el ámbito de la política exterior. Uno de los momentos más significativos de su liderazgo fue la Guerra de las Malvinas en 1982, un conflicto militar con Argentina por el control de las Islas Malvinas. La rápida decisión de Thatcher de enviar fuerzas británicas para recuperar las islas después de la invasión argentina fue apoyada por la mayoría del pueblo británico, fortaleciendo su imagen como una líder decidida y patriótica.

La relación de Thatcher con Estados Unidos también fue muy estrecha, especialmente con el presidente Ronald Reagan. Ambos compartían una visión conservadora del mundo y apoyaban políticas similares. Thatcher fue una de las voces más fuertes contra la expansión de la influencia soviética y apoyó decididamente a Reagan en la Guerra Fría, defendiendo la alianza con la OTAN y promoviendo un mensaje de resistencia frente a la Unión Soviética.

El legado de Margaret Thatcher es complejo y, para muchos, polarizante. En el ámbito económico, su política de libre mercado y privatización transformó a Reino Unido en una economía más orientada al mercado y marcó el fin de la era del consenso socialdemócrata que había caracterizado a la posguerra. Si bien lograron fortalecer la economía británica, sus políticas también generaron altos niveles de desigualdad y marginaron a ciertos sectores de la población. La falta de apoyo hacia la clase obrera y las comunidades industriales dejó una huella de resentimiento, especialmente en el norte de Inglaterra y en Escocia.

La figura de Thatcher sigue siendo motivo de controversia en la política británica. Para sus seguidores, fue una líder visionaria que desarrolló la vitalidad económica al Reino Unido y desafió con éxito la influencia sindical y estatal. Para sus detractores, sus políticas tuvieron un costo social muy alto, debilitando la cohesión social y aumentando la desigualdad.

En 1990, Thatcher renunció a su cargo tras perder el apoyo de su partido, en parte debido a su defensa del polémico "impuesto de capitación" y a las divisiones internas sobre la relación con la Comunidad Europea. Aun así, su influencia en el Partido Conservador y en la política británica fue duradera, y sus ideas fueron adoptadas por numerosos líderes posteriores.

Thatcher falleció el 8 de abril de 2013 a los 87 años, dejando un impacto duradero que continúa generando debate sobre el papel del Estado, el mercado libre y la justicia social.

14. Malala Yousafzai

Nacida el 12 de julio de 1997 en el Valle de Swat, Pakistán, es una activista internacionalmente reconocida por su defensa de la educación de las niñas y los derechos humanos. Su valentía al enfrentar amenazas extremas en su lucha por la educación la ha convertido en una inspiración mundial y en un símbolo de la resistencia frente a la opresión. Con solo 17 años, Malala recibió el Premio Nobel de la Paz, convirtiéndose en la persona más joven en recibir este prestigioso galardón. Su historia es un recordatorio del poder de la juventud y el impacto que puede tener el activismo en la transformación social.

Malala creció en el valle de Swat, una región montañosa en el norte de Pakistán, en una familia que valoraba profundamente la educación. Su padre, Ziauddin Yousafzai, era un educador y activista que dirigía una escuela para niñas en su ciudad natal y alentó a Malala a expresarse y aprender sin limitaciones, algo poco común en una región donde los derechos de las mujeres estaban muy restringidos.

Sin embargo, el contexto social y político en el que Malala vivía era difícil y peligroso. A partir de 2007, el grupo extremista talibán comenzó a ganar el control en el Valle de Swat, imponiendo restricciones estrictas y prohibiendo la educación femenina. La influencia talibana en la región significó el cierre de varias escuelas para niñas y un aumento de las amenazas contra quienes intentaban defender la educación femenina.

Desde muy joven, Malala se comprometió con la causa de la educación y se pronunció en contra de la prohibición impuesta por los talibanes. A los 11 años, comenzó a escribir un blog en urdu bajo un seudónimo para la BBC, relatando su vida en Swat bajo la ocupación talibana. En sus escritos, Malala describió las dificultades para acceder a la educación y denunciaba la injusticia de privar a las niñas de su derecho a aprender.

El 9 de octubre de 2012, mientras Malala regresaba a casa en un autobús escolar, fue atacada por un miembro talibán que disparó contra ella, hiriéndola gravemente en la cabeza y el cuello. Su vida corrió un gran peligro, y el atentado generó una ola de indignación mundial. Malala fue trasladada a Reino Unido, donde recibió tratamiento médico y finalmente logró recuperarse.

A pesar de las amenazas y el ataque, Malala no se dejó intimidar. En lugar de alejarse del activismo, redobló su compromiso por la educación femenina y la defensa de los derechos humanos. En 2013, publicó su autobiografía, Yo soy Malala, un libro en el que relataba su historia y su lucha por el acceso a la educación. Ese mismo año, cofundó junto a su padre el Fondo Malala, una organización dedicada a promover la educación para las niñas y a trabajar para mejorar el acceso a la educación en comunidades de todo el mundo.

En 2014, a la edad de 17 años, Malala fue galardonada con el Premio Nobel de la Paz, convirtiéndose en la persona más joven en recibir este reconocimiento. La decisión del Comité Nobel resaltó su valentía y el poder de su activismo. Compartió el premio con Kailash Satyarthi, un activista indio contra el trabajo infantil, enviando un mensaje de unidad entre dos países, India y Pakistán, habitualmente en conflicto.

Desde que recibió el Premio Nobel, Malala ha continuado sus estudios y su trabajo en defensa de la educación. En 2017, ingresó a la Universidad de Oxford, donde estudió filosofía, política y economía, una formación que complementa su experiencia como activista. A través del Fondo Malala, ha impulsado proyectos en países como Siria, Nigeria, Brasil y Afganistán, donde el acceso a la educación se ve obstaculizado por conflictos armados, crisis económica y barreras de género.

Además de su trabajo con el Fondo Malala, ha hablado en foros internacionales y ha colaborado con líderes mundiales para promover el acceso a la educación como un derecho humano fundamental. En 2015, fue invitada a dirigirse a las Naciones Unidas y en su discurso destacó la importancia de invertir en la educación para crear un mundo más justo y pacífico.

El legado de Malala Yousafzai se centra en el ámbito de los derechos humanos y, particularmente, en la lucha por la educación de las niñas. Su historia es un ejemplo de resiliencia y coraje, y su influencia ha inspirado a millones de personas alrededor del mundo a apoyar la igualdad de género y defender los derechos educativos. Gracias a sus esfuerzos, el acceso a la educación se ha convertido en una prioridad internacional, y su figura ha ayudado a visibilizar los problemas que enfrentan las niñas en situaciones de conflicto y pobreza extrema.

Malala continúa trabajando para que cada niña tenga la oportunidad de recibir una educación y vivir sin miedo, y su historia sigue inspirando a nuevas generaciones a luchar por un mundo más equitativo y justo.

15. Angela Merkel

Nacida el 17 de julio de 1954 en Hamburgo, Alemania, es una destacada política alemana y líder europea que se especializa como canciller de Alemania desde 2005 hasta 2021. Su liderazgo fue fundamental en momentos de gran desafío para Europa y el mundo, y es reconocido por su enfoque pragmático, su estabilidad en la toma de decisiones y su compromiso con la cooperación internacional. Merkel fue la primera mujer en ocupar el cargo de canciller en Alemania y dejó un legado que consolidó a su país como una potencia económica y política en Europa.

Antes de dedicarse a la política, Merkel desarrolló una destacada carrera en la ciencia. Nació en el oeste de Alemania, pero creció en la Alemania Oriental (República Democrática Alemana) después de que su familia se mudara a la zona comunista cuando ella era pequeña. Estudió física en la Universidad de Leipzig y obtuvo un doctorado en química cuántica en 1986. Durante sus años de estudio y trabajo en investigación científica, Merkel fue conocida por su inteligencia y rigor académico, lo que sentó una base sólida para su estilo analítico en la política.

La carrera política de Merkel comenzó poco antes de la caída del Muro de Berlín en 1989, un evento que marcó un momento decisivo en su vida y en la historia de Alemania. Entró en la política durante el proceso de reunificación alemana, uniéndose al partido Alianza Democrática en Alemania Oriental, que luego se integró con la Unión Demócrata Cristiana (CDU). En 1990, fue elegido miembro del Bundestag (Parlamento alemán) y rápidamente ascendió en el partido bajo el liderazgo de Helmut Kohl, quien la nombró ministra de Mujeres y Juventud, y posteriormente ministra de Medio Ambiente.

Su posición en la CDU se fortaleció a lo largo de los años, y en 2000 fue elegida líder del partido. Esta fue una victoria significativa en un partido tradicionalmente dominado por hombres y le permitió a Merkel consolidar su liderazgo político. Finalmente, en 2005, se convirtió en canciller de Alemania, comenzando una carrera de 16 años al frente del gobierno alemán, lo que la convirtió en una de las líderes europeas más influyentes del siglo XXI.

Durante su mandato como canciller, Merkel sobresalió en el ámbito de la política internacional y la gestión de crisis. Su enfoque pragmático, centrado en la estabilidad y el consenso, la ayudó a enfrentar una serie de desafíos económicos y políticos que marcaron su liderazgo.

Uno de sus primeros desafíos fue la crisis financiera mundial de 2008, en la que Merkel apoyó un papel fundamental en el diseño de políticas económicas para proteger a Alemania de las peores consecuencias de la recesión. También fue una figura clave en la gestión de la crisis de deuda en la Eurozona, abogando por una política de austeridad en los países de la Unión Europea que enfrentaban dificultades económicas, como Grecia, España e Italia. Aunque estas políticas fueron polémicas, Merkel sostuvo que eran necesarias para garantizar la estabilidad de la Eurozona y proteger el euro.

Merkel también lideró la respuesta de Alemania y de la Unión Europea durante la crisis migratoria de 2015, cuando decidió abrir las puertas de Alemania a los refugiados de Siria y otras zonas de conflicto. Esta decisión fue un acto humanitario sin precedentes, aunque también generó divisiones en su país y en Europa. Su postura sobre la migración mostró su compromiso con los derechos humanos y sus valores de solidaridad, pero también llevó a un aumento en el apoyo a partidos nacionalistas y antinmigración en Alemania.

Además de su influencia en Europa, Merkel jugó un papel crucial en la diplomacia global. Mantuvo una relación cercana con Estados Unidos, aunque con una postura crítica cuando fue necesario, especialmente durante la administración de Donald Trump. Merkel, defensora de la cooperación multilateral, fue una de las principales voces en apoyo del cambio climático, impulsando políticas ambientales tanto a nivel nacional como europeo.

Merkel también trabajó estrechamente con líderes internacionales como Vladimir Putin y Xi Jinping, manteniendo un equilibrio entre la defensa de los valores democráticos y la necesidad de la cooperación económica y diplomática. Su enfoque la llevó a ganarse el respeto de la comunidad internacional y consolidar a Alemania como un país líder en Europa y una voz influyente en temas globales.

El legado de Angela Merkel se caracteriza por la estabilidad y la solidez que brindó a Alemania durante 16 años de mandato. Su liderazgo en un período de constante cambio y desafíos, desde crisis financieras hasta conflictos geopolíticos, fortaleció la posición de Alemania como líder de Europa. Merkel es vista como un modelo de liderazgo pragmático y racional, y su estilo reservado, a menudo descrito como modesto y cauto, fue un marcado contraste con el estilo de otros líderes más polarizantes.

Bajo su liderazgo, Alemania se consolidó como la mayor economía de Europa y una fuerza política fundamental en la Unión Europea. Merkel dejó el cargo en 2021, después de cuatro mandatos consecutivos, habiendo guiado a su país a través de momentos críticos y defendido los valores de la cooperación europea y la estabilidad.

Conocida cariñosamente como "Mutti" (madre) por sus seguidores, Merkel representaba una figura de estabilidad y confianza. Aunque rara vez mostró emociones en público, su enfoque empático hacia los problemas de la ciudadanía, especialmente durante la crisis migratoria, proyectó una imagen de líder accesible y cercana. Su estilo discreto y su capacidad de escuchar fueron cualidades que marcaron su carrera y su forma de gobernar.

16. Hipatia de Alejandría

Fue una filósofa, matemática y astrónoma de la antigua Alejandría, Egipto, reconocida por su profundo conocimiento y su habilidad para enseñar y compartir ideas en una época en que las mujeres tenían un acceso muy limitado al saber. Hipatia destacó en el ámbito de la ciencia y la filosofía, contribuyendo al desarrollo de las matemáticas y la astronomía y convirtiéndose en una de las figuras intelectuales más destacadas de su tiempo. Su vida y trágico final la han convertido en un símbolo del amor al conocimiento y la libertad de pensamiento, dejando un legado duradero en la historia de la ciencia y el pensamiento racional.

Hipatia nació alrededor del año 370 dC en Alejandría, una de las ciudades más vibrantes e importantes del mundo antiguo, conocida por su famosa Biblioteca y por ser un centro de conocimiento y cultura. Su padre, Teón de Alejandría, era un renombrado matemático y astrónomo que enseñó a Hipatia desde una edad temprana, alentando su curiosidad y preparándola en disciplinas como las matemáticas, la astronomía y la filosofía. Bajo la tutela de su padre, Hipatia no estudió solo las enseñanzas de los grandes matemáticos griegos, sino también las ideas de filósofos como Platón y Aristóteles.

Su educación en Alejandría le permitió acceder al conocimiento de civilizaciones como la griega, la egipcia y la romana, lo que contribuyó a su perspectiva única y su profundo conocimiento de distintas corrientes de pensamiento. A medida que avanzaba en sus estudios, Hipatia se fue destacando por su habilidad y precisión en las matemáticas y la filosofía, ganando el respeto de sus contemporáneos.

Hipatia se convirtió en una influyente profesora y académica en la escuela neoplatónica de Alejandría, donde enseñaba matemáticas, astronomía y filosofía. Su enfoque didáctico era ampliamente respetado, y sus clases atraían a estudiantes de diversas partes del mundo antiguo, muchos de los cuales eran de origen cristiano, aunque ella misma practicaba el paganismo. Hipatia enseñaba y escribía sobre temas como geometría, álgebra y astronomía, y se cree que desarrolló y mejoró instrumentos como el astrolabio y el hidrómetro, utilizados en la observación de los astros y la medición de líquidos.

Además de sus aportaciones a las ciencias exactas, Hipatia destacó por su pensamiento crítico y su enfoque racional, promoviendo un enfoque filosófico de la vida basado en la lógica y la observación. Fue una figura central en el movimiento neoplatónico, que buscaba reconciliar las ideas de Platón con la espiritualidad y la ciencia, promoviendo una búsqueda de la verdad a través del conocimiento y la razón.

Aunque ninguna de sus obras ha sobrevivido directamente, se sabe que Hipatia escribió comentarios sobre los trabajos de matemáticos como Diofanto de Alejandría y Apolonio de Perga, lo que indica su profundo conocimiento de la geometría y el álgebra. En particular, sus comentarios sobre Diofanto contribuyeron a la comprensión de la teoría de números y ecuaciones. También se cree que escribió sobre los elementos de Euclides, ayudando a preservar y aclarar las enseñanzas matemáticas del mundo griego.

En astronomía, se dice que trabajó en modelos planetarios y cálculos relacionados con el movimiento de los astros. Aunque no se sabe con certeza el alcance de sus contribuciones originales, su enseñanza y la conservación de estos conocimientos ayudaron a mantener vivas estas ideas en una época en que las ciencias empezaban a ser influenciadas y limitadas por las doctrinas religiosas.

Durante la vida de Hipatia, Alejandría era una ciudad en tensión debido al conflicto entre los seguidores de la fe cristiana, que se estaba expandiendo rápidamente, y quienes aún seguían la filosofía pagana. Hipatia, siendo neoplatónica y defensora del conocimiento laico, se encontró en una posición vulnerable. Era cercana a Orestes, el prefecto romano de Alejandría, quien representaba una postura de tolerancia hacia el paganismo y buscaba limitar el poder del obispo Cirilo, líder de la creciente comunidad cristiana de la ciudad.

Este conflicto culminó en el año 415 dC, cuando una turba de cristianos radicales, alentada por las tensiones políticas y religiosas, atacó a Hipatia. Fue brutalmente asesinada en las calles de Alejandría, y su muerte se ha interpretado como un acto de violencia contra el pensamiento racional y el conocimiento secular. Su asesinato conmocionó a la comunidad intelectual de su tiempo y marcó simbólicamente el declive de la antigua tradición científica y filosófica en Alejandría.

A pesar de su trágico final, Hipatia dejó un legado duradero en la historia de la ciencia y la filosofía. Es recordada no solo por sus logros intelectuales, sino también por su valentía al mantenerse fiel a sus ideales y dedicarse a la búsqueda de la verdad y el conocimiento en un momento de gran hostilidad. Con el tiempo, Hipatia se ha convertido en un símbolo de la libertad de pensamiento y la resistencia frente al fanatismo. Su vida ha inspirado a generaciones de pensadores y científicos, y su historia sigue siendo un recordatorio de la importancia de la razón y la ciencia en la sociedad.

17. Hatshepsut

Fue una de las faraonas más destacadas de la historia de Egipto, gobernando durante el período del Imperio Nuevo (Dinastía XVIII). Fue la primera mujer en proclamarse faraón en su propio derecho y no solo como regente, algo extraordinario en un sistema tradicionalmente dominado por hombres. Hatshepsut sobresalió en la expansión de la economía y las políticas de paz que implementó, además de llevar a cabo proyectos arquitectónicos de gran envergadura que simbolizaban la prosperidad de su gobierno y la consolidación como una de las gobernantes más prósperas y poderosas del antiguo Egipto.

Hatshepsut nació en Tebas alrededor del año 1507 aC, hija del faraón Tutmosis I y su esposa principal, Ahmose. A la muerte de su padre, Tutmosis II, su medio hermano y esposo, subió al trono y Hatshepsut se convirtió en su Gran Esposa Real, pero tras la muerte temprana de este, Egipto quedó bajo la regencia de Hatshepsut en nombre del joven Tutmosis III., el sucesor designado, quien era aún un niño.

Al inicio, Hatshepsut gobernaba en calidad de regente, pero eventualmente tomó el título de faraón, algo sin precedentes para una mujer en la historia egipcia. Decidida a establecerse como soberana, Hatshepsut adoptó la simbología y los rituales de los faraones, incluso representándose a sí misma con la barba ceremonial y el tocado de faraón en las inscripciones oficiales, y exigiendo ser llamado "Hijo de Ra". Esto no solo legitimaba su posición, sino que también subrayaba su intención de gobernar con la misma autoridad que cualquier faraón masculino.

Durante los aproximadamente 22 años de su reinado, Hatshepsut centró sus esfuerzos en fortalecer la economía egipcia y expandir el comercio. En lugar de centrarse en la guerra y la conquista, como lo habían hecho muchos de sus predecesores, Hatshepsut promovió la paz y la estabilidad dentro de las fronteras de Egipto, lo cual resultó en un período de prosperidad.

Uno de sus mayores logros fue la expedición comercial al legendario reino de Punt (probablemente en la región actual del Cuerno de África). Esta misión trajo a Egipto gran cantidad de riquezas, como incienso, mirra, ébano, marfil y animales exóticos. Las inscripciones y los relieves en su famoso templo mortuorio de Deir el-Bahari detallan este viaje, destacando el éxito de sus políticas comerciales y la riqueza que trajeron a Egipto. Hatshepsut utilizó estos recursos para embellecer el país, invirtiendo en el desarrollo de templos, monumentos y estatuas, que marcaban su era como una de abundancia y esplendor.

Hatshepsut dejó un impresionante legado arquitectónico, destacando el templo mortuorio en Deir el-Bahari, considerado una obra maestra de la arquitectura egipcia antigua. Situado en la orilla occidental del Nilo, frente a Tebas, este templo es una estructura monumental de terrazas escalonadas integradas armoniosamente con el paisaje natural circundante. Decorado con relieves y estatuas de Hatshepsut, el templo narra aspectos de su reinado, su linaje divino y la famosa expedición a Punt.

Este proyecto arquitectónico no solo reflejó su ambición y capacidad para dirigir grandes proyectos de construcción, sino que también consolidó su lugar en la historia como una constructora visionaria. Sus logros arquitectónicos en Deir el-Bahari y otras construcciones en Karnak y otras ciudades egipcias demuestran su dedicación al desarrollo cultural y religioso de su nación, elevando la arquitectura egipcia a nuevos niveles de sofisticación y simbolismo.

Al término de su reinado, Tutmosis III adquirió plenamente el trono y emprendió una campaña para eliminar los rastros de Hatshepsut de los registros históricos. Se cree que, en un esfuerzo por consolidar su propia legitimidad, Tutmosis III ordenó que se destruyeran o borraran muchos de sus estatuas y monumentos, y que su imagen y nombre fueran eliminados de las listas reales. No obstante, aunque algunos de sus monumentos fueron alterados y sus inscripciones modificadas, el legado de Hatshepsut como una de las gobernantes más innovadoras y exitosas de Egipto sobrevivió.

Hatshepsut sobresalió en la política y la arquitectura, y su reinado marca un período de esplendor económico y cultural. Su habilidad para establecer un gobierno sólido, la prosperidad que Egipto alcanzó bajo su mando y sus logros arquitectónicos contribuyeron a que fuera reconocida como una de las grandes faraonas de la historia.

Hatshepsut dejó un legado que desafió los estereotipos de género de su tiempo y abrió un camino para futuras mujeres gobernantes en la historia mundial. Es recordada hoy no solo como una de las pocas mujeres en gobernar como faraón en el antiguo Egipto, sino también como un ejemplo de determinación, inteligencia y liderazgo.

18. Florence Nightingale

Fue una enfermera británica, reformadora social y pionera en la enfermería moderna, cuyo trabajo sentó las bases para los principios y prácticas que aún se utilizan hoy. Conocida como "La Dama de la Lámpara" debido a su dedicación y esfuerzo durante la Guerra de Crimea, Nightingale destacó en el ámbito de la atención médica y la higiene hospitalaria, revolucionando la enfermería y logrando mejorar las condiciones en los hospitales. Su legado se extiende a la creación de protocolos de atención que salvaron innumerables vidas y su influencia en la creación de la enfermería como una profesión digna y profesional.

Florence Nightingale nació el 12 de mayo de 1820 en Florencia, Italia, en el seno de una familia acomodada inglesa. Desde joven, Florence mostró una gran inteligencia y era instruida en matemáticas, ciencia y literatura, lo que era inusual para las mujeres de su tiempo. A pesar de las expectativas de su familia de que llevara una vida social como dama de la alta sociedad, Florence desarrolló una profunda vocación por servir a los demás, la cual describía como una "llamada de Dios". A los 24 años, decidió dedicarse a la enfermería, una elección inusual y controvertida, pues en esa época la enfermería era un trabajo de bajo estatus reservado a mujeres de clase baja.

En 1853, estalló la Guerra de Crimea, y la terrible situación de los soldados heridos, atendidos en condiciones deplorables, llegó a oídos del público en Gran Bretaña. Las tasas de mortalidad en los hospitales de campaña alcanzaban el 40%, y la falta de higiene e infraestructura hacía que muchos soldados murieran por infecciones antes que por las heridas de combate. Ante esta crisis, Nightingale fue solicitada para encabezar un grupo de enfermeras que mejorara la atención en el frente de guerra.

Florence y su equipo llegaron al hospital de Scutari en 1854, donde se enfrentaron a un entorno insalubre y caótico. Inmediatamente implementó cambios radicales, como la limpieza de las instalaciones, el acceso al agua potable, el lavado de manos y la ventilación adecuada. Gracias a estas medidas básicas de higiene, logró reducir la tasa de mortalidad en el hospital de campaña de un 40% a solo un 2%. Su dedicación a los soldados heridos, recorriendo las salas durante la noche con una lámpara, le valió el cariñoso apodo de "La Dama de la Lámpara".

Además de su trabajo directo con los pacientes, Nightingale fue pionera en el uso de estadísticas para demostrar la importancia de la higiene en la atención médica. Creó gráficos innovadores (como el gráfico de área polar, también llamado "diagrama de rosa"), los cuales presentaban de manera visual los datos de mortalidad antes y después de sus reformas. Estos gráficos ayudaron a evidenciar que las condiciones insalubres eran la principal causa de muertes en los hospitales, y sus hallazgos fueron fundamentales para convencer a las autoridades y al público de la necesidad de reformas en el sistema hospitalario.
A su regreso a Gran Bretaña, Nightingale continuó promoviendo mejoras en la sanidad pública y los hospitales militares. En 1859, publicó Notas sobre Enfermería, una obra que establecía los principios básicos de la atención a los pacientes y que se convirtió

en una referencia esencial para las futuras generaciones de enfermeras.

En 1860, con fondos otorgados por el gobierno británico en reconocimiento a su trabajo, Florence fundó la Escuela de Entrenamiento de Enfermeras Nightingale en el Hospital St. Thomas de Londres. Esta escuela fue la primera en formalizar la educación en enfermería, estableciendo un plan de estudios estructurado y estándares profesionales para la práctica de la enfermería. Bajo la visión de Florence, la enfermería pasó de ser una precaria actividad a una profesión de prestigio, con un enfoque en la empatía, la competencia técnica y la higiene.

La escuela fue un éxito inmediato y se convirtió en modelo para programas de enfermería en todo el mundo. Graduadas de la Escuela Nightingale llevaron los principios de la enfermería moderna a otros hospitales y países, propagando su legado a nivel global. La profesión de enfermera, que antes era desvalorizada, comenzó a adquirir respeto y dignidad, transformándose en una pieza esencial de los sistemas de salud.

Florence Nightingale a lo largo de su vida, escribió numerosos libros y artículos sobre la atención médica, y su influencia llegó a ámbitos políticos y sociales. En 1883, la Reina Victoria le otorgó la Real Cruz Roja en honor a sus servicios, y en 1907, se convirtió en la primera mujer en recibir la Orden del Mérito, una de las distinciones más altas en el Reino Unido.

Su legado perdura hasta hoy: el modelo profesional de enfermería, las prácticas de higiene en hospitales y el uso de estadísticas en salud pública son todos los pilares que Florence Nightingale ayudó a establecer. Su influencia se celebra cada año el 12 de mayo, su cumpleaños, en el Día Internacional de la Enfermería, en el cual se honra la dedicación y servicio de las enfermeras en todo el mundo.

Es recordada como una de las figuras más influyentes en la medicina moderna y un símbolo de compasión, dedicación y servicio.

19. Indira Gandhi

Fue la primera y única mujer en ser primera ministra de la India, y es recordada como una de las figuras políticas más influyentes de su país. Sobresalió en el ámbito de la política y gobernanza, logrando importantes avances en la modernización de la India y enfrentando complejos desafíos de unidad y estabilidad en un país con una enorme diversidad cultural y social. Su liderazgo en tiempos de crisis y sus decisiones en áreas como la economía y la seguridad nacional definieron su legado como una de las políticas más destacadas de su tiempo, aunque también fue una figura controvertida.

Indira Priyadarshini Gandhi nació el 19 de noviembre de 1917 en Allahabad, India, en una familia de destacados líderes políticos. Era hija de Jawaharlal Nehru, el primer ministro de la India independiente, lo que la expuso desde joven a un entorno de activismo político y de compromiso con la causa nacionalista india. Su educación fue de nivel internacional, ya que estudió en la Universidad de Oxford y regresó a la India con una fuerte determinación de seguir el camino de su padre y contribuir a la construcción de una India moderna e independiente.

Indira se unió al Partido del Congreso y, tras la muerte de Lal Bahadur Shastri, asumió el cargo de primera ministra en 1966. Durante su primer mandato, enfrentó una serie de retos importantes, incluyendo el hambre y la crisis alimentaria, el crecimiento económico, y las tensiones con países vecinos. Uno de sus logros más importantes fue la implementación de la Revolución Verde en la India, un programa de modernización agrícola que aumentó significativamente la producción de alimentos y redujo la dependencia del país en la importación de granos básicos. Este programa mejoró la seguridad alimentaria y elevó la autosuficiencia del país, logrando un impacto duradero en la economía rural.

En 1971, durante su segundo mandato, Indira lideró la India en la guerra contra Pakistán, apoyando el movimiento de independencia de Bangladesh. Su liderazgo decisivo y su respaldo a la independencia de Bangladesh fortalecieron la imagen de la India como una potencia regional y consolidaron la posición de Gandhi como una líder firme y nacionalista.

Aunque Indira Gandhi es reconocida por sus logros, también fue una figura política controvertida debido a su implementación del "Estado de Emergencia" entre 1975 y 1977. La declaración de emergencia fue una respuesta a la creciente oposición y a la inestabilidad política, permitiéndole a Gandhi gobernar con poderes extraordinarios y suspensión de derechos civiles. Durante este período, sus políticas de control de natalidad, desalojos forzosos y censura de los medios generaron críticas tanto en la India como en el extranjero. La medida provocó un fuerte rechazo social, ya que se vio como una restricción a la democracia, y llevó a su derrota en las elecciones de 1977.

Sin embargo, en 1980, tras un período de inestabilidad y descontento con el gobierno de sus sucesores, Indira Gandhi fue reelecta como primera ministra. Durante este segundo período, Gandhi enfrentó desafíos de tipo separatista en Punjab, donde los conflictos con grupos sijs radicalizados llevaron a una situación de alta tensión en el país.

Uno de los momentos más críticos de su mandato fue la Operación Estrella Azul en 1984, una intervención militar en el Templo Dorado en Amritsar, el sitio más sagrado para la comunidad sij, para desalojar a los armados separatistas que se habían refugiado allí. La operación resultó en una gran cantidad de muertes y heridos, así como en daños al templo, y generó un profundo resentimiento entre los sijs. Como represalia, el 31 de octubre de 1984, Indira Gandhi fue asesinada por dos de sus guardaespaldas sij en su residencia en Nueva Delhi.

Indira Gandhi dejó un legado complejo, pero profundamente significativo en la historia de la India. Es recordada como una líder visionaria que modernizó el país, promoviendo políticas de autosuficiencia alimentaria, fortaleciendo la defensa nacional y logrando que India emergiera como una potencia regional. Su decisión de liderar la intervención en Bangladesh y su énfasis en el nacionalismo hicieron que India consolidara su posición en el sur de Asia.

Por otro lado, sus políticas autoritarias y el período del Estado de Emergencia generaron una herida en el legado democrático de la India, provocando divisiones internas y cuestionamientos a su gobierno. Sin embargo, su habilidad para enfrentar situaciones difíciles y tomar decisiones de gran impacto le ganaron la admiración de millones de personas, y su figura continúa siendo un símbolo del liderazgo femenino en un contexto históricamente dominado por hombres.

20. Rigoberta Menchú

Es una activista guatemalteca, defensora de los derechos indígenas y ganadora del Premio Nobel de la Paz en 1992. Sobresalió en el ámbito de los derechos humanos, especialmente en la defensa de los derechos de los pueblos indígenas de Guatemala y de toda América Latina. A través de su lucha pacífica y su voz en la arena internacional, ha visibilizado las injusticias y abusos sufridos por las comunidades indígenas y ha promovido la igualdad y el respeto cultural. Su legado destaca en la creación de una plataforma global para las luchas indígenas y en la inspiración de futuras generaciones de activistas y líderes.

Rigoberta Menchú nació el 9 de enero de 1959 en el seno de una familia indígena quiché en la aldea de Laj Chimel, en el departamento de Quiché, Guatemala. Su infancia estuvo marcada por la pobreza y la desigualdad que afectaba a las comunidades indígenas en su país, así como por la discriminación y los abusos que sufrían en el contexto de una sociedad profundamente dividida por razones étnicas y económicas. Rigoberta fue testigo desde pequeña de la lucha de su familia y de su comunidad por los derechos a la tierra y por mejores condiciones de vida, lo que sembró en ella un fuerte compromiso por la justicia.

En la década de 1970, durante la guerra civil guatemalteca, la situación de los pueblos indígenas se agravó. Su familia y su comunidad fueron víctimas de violencia y represión, lo que culminó en la muerte de su padre, Vicente Menchú, y otros miembros de su familia a manos del ejército guatemalteco. Estos hechos trágicos impulsaron a Rigoberta a tomar una posición activa y pública en defensa de su gente y en contra de las atrocidades que vivían los pueblos indígenas en Guatemala.

En 1982, Rigoberta Menchú alcanzó notoriedad internacional con la publicación de su autobiografía, Me llamo Rigoberta Menchú y así me nació la conciencia, escrita con la colaboración de la antropóloga Elisabeth Burgos-Debray. En este libro, Rigoberta describe las duras condiciones de vida de los indígenas guatemaltecos, la violencia que sufrieron su familia y su comunidad, y las atrocidades cometidas durante el conflicto armado en Guatemala. El libro fue fundamental para que el mundo conociera las injusticias y abusos en Guatemala, así como para sensibilizar a la opinión pública internacional sobre las causas de los pueblos indígenas y sus derechos.

La publicación de su historia fue una herramienta poderosa que expuso las problemáticas de la represión y discriminación en América Latina. La visibilidad internacional que obtuvo impulsó un movimiento de solidaridad y apoyo a las comunidades indígenas de Guatemala, y Rigoberta se convirtió en una de las principales voces en la lucha por la justicia social.

En 1992, Rigoberta Menchú recibió el Premio Nobel de la Paz en reconocimiento a su trabajo por la justicia social y los derechos de los pueblos indígenas. Esta distinción le dio una plataforma global para denunciar la represión y la discriminación y la posicionó como un símbolo de resistencia y dignidad indígena. Con este reconocimiento, Rigoberta logró no solo denunciar las injusticias en su propio país, sino también inspirar a comunidades indígenas y activistas de todo el mundo en la defensa de sus derechos y su identidad cultural.

Después de recibir el Nobel, Menchú intensificó su labor en pro de los derechos humanos y de los pueblos indígenas. En 1993, fundó la Fundación Rigoberta Menchú Tum, una organización enfocada en la promoción de los derechos indígenas y en el empoderamiento de estas comunidades, especialmente en Guatemala y América Latina. La fundación trabaja en educación, salud, derechos de la mujer y en la lucha contra la discriminación, así como en el fortalecimiento de la identidad y cultura indígena.
Rigoberta Menchú también se involucró en la política de su país, en un esfuerzo por dar voz y representación a los pueblos indígenas en el sistema político guatemalteco. En 2007 y 2011, se postuló para la presidencia de Guatemala, aunque no logró ganar. Su participación en las elecciones fue, sin embargo, un

paso significativo hacia la inclusión de las comunidades indígenas en el proceso político del país, marcando un precedente importante y abriendo caminos para futuras generaciones de líderes indígenas.

Además, Menchú ha tenido un papel activo en la defensa de los derechos humanos en el ámbito internacional, participando en organismos como las Naciones Unidas y colaborando en iniciativas de paz y justicia social en América Latina. Su activismo ha ayudado a crear conciencia sobre la importancia de preservar la diversidad cultural y respetar los derechos de los pueblos indígenas.

Su legado perdura en la mayor visibilidad y organización de los pueblos indígenas en América Latina, en la creación de leyes y políticas que buscan proteger sus derechos, y en la inspiración que ha brindado a jóvenes activistas de todo el mundo.

Su vida y su obra continúan siendo un ejemplo de lucha pacífica, dignidad y perseverancia, y su contribución a la causa indígena sigue siendo una de las más importantes en la historia contemporánea.

21. Benazir Bhutto

Fue una destacada política pakistaní, la primera mujer en dirigir un país musulmán en la era contemporánea, y una de las figuras más influyentes de Pakistán y del mundo islámico. Sobresalió en el ámbito político, liderando la lucha por la democracia en su país y promoviendo reformas orientadas a la modernización, el bienestar social y los derechos de la mujer en Pakistán. Su legado es recordado por su valentía y determinación para desafiar el autoritarismo, y por haber marcado un hito como símbolo de progreso y justicia social en un entorno político y cultural dominado por hombres.

Nacida el 21 de junio de 1953 en Karachi, Pakistán, Benazir Bhutto provenía de una familia prominente en la política pakistaní. Era hija de Zulfikar Ali Bhutto, fundador del Partido Popular de Pakistán (PPP) y expresidente y primer ministro del país. Benazir recibió una educación destacada tanto en Pakistán como en el extranjero, estudiando en la Universidad de Harvard y en la Universidad de Oxford, donde se convirtió en la primera mujer asiática en presidir la prestigiosa Oxford Union, una sociedad de debate. Esta educación en el extranjero le brindó una perspectiva internacional y una preparación sólida en política y relaciones internacionales.

En 1977, el gobierno de su padre fue derrocado en un golpe de Estado liderado por el general Muhammad Zia-ul-Haq, quien impuso una dictadura militar en Pakistán. Poco después, Zulfikar Ali Bhutto fue arrestado y, tras un juicio controvertido, fue ejecutado en 1979. Estos eventos cambiaron la vida de Benazir y la impulsaron a ingresar a la política con un fuerte compromiso de restaurar la democracia en Pakistán. Tras la ejecución de su padre, Benazir se convirtió en líder del PPP y comenzó una intensa campaña en contra del régimen militar de Zia-ul-Haq, enfrentando arrestos, prisión domiciliaria y una serie de amenazas a su seguridad.

En 1988, después de la muerte del general Zia en un accidente aéreo, Pakistán celebró elecciones generales en las que el PPP obtuvo la mayoría de los escaños. Con solo 35 años, Benazir Bhutto asumió el cargo de primera ministra de Pakistán, convirtiéndose en la primera mujer en liderar un país musulmán. Durante su primer mandato, Benazir promovió políticas para la mejora del bienestar social, centrándose en la salud, la educación y los derechos de las mujeres. Implementó programas de vacunación y trabajó para modernizar el sistema de salud pública. Además, impulsó la educación de las niñas y buscó fortalecer el papel de la mujer en la sociedad pakistaní.

Sin embargo, su mandato enfrentó fuertes oposiciones y conflictos, tanto dentro como fuera de su partido, y fue destituida en 1990 bajo acusación de corrupción. En 1993, Bhutto fue elegida nuevamente primera ministra, y continuó sus esfuerzos por mejorar la economía y ampliar los servicios sociales. A pesar de sus intentos de implementar cambios positivos, su segundo mandato también se caracterizó por la corrupción en los círculos gubernamentales y el creciente poder de los conservadores, lo que eventualmente llevó a su destitución en 1996.

Tras ser destituida en 1996, Bhutto se exilió, pero mantuvo su influencia en la política pakistaní desde el extranjero. Vivió entre Londres y Dubái durante casi una década, mientras el gobierno pakistaní, bajo el mando del presidente Pervez Musharraf, se encontraba nuevamente bajo control militar. En el exilio, Bhutto continuó abogando por la democracia y buscando apoyo internacional para su causa.

En 2007, después de negociaciones y un acuerdo de amnistía con el presidente Musharraf, Benazir Bhutto regresó a Pakistán para participar en las elecciones parlamentarias. Su regreso fue marcado por una gran esperanza entre sus seguidores, quienes la veían como una figura de cambio y resistencia. Sin embargo, Pakistán también enfrentaba una creciente amenaza del extremismo y la violencia sectaria.

El 27 de diciembre de 2007, Benazir Bhutto fue asesinada en un atentado durante un mitin en Rawalpindi, solo unos meses después de su regreso a Pakistán. Su muerte conmocionó al país y al mundo entero. El asesinato de Bhutto dejó una profunda tristeza entre sus seguidores y generó un clima de inestabilidad en Pakistán. Las investigaciones sobre su muerte señalan la participación de grupos extremistas, aunque la verdadera autoría sigue siendo objeto de debate.

Benazir Bhutto dejó un legado de resiliencia y lucha por la democracia en Pakistán y en el mundo islámico. Su vida y su carrera política fueron símbolo de la posibilidad de cambio y progreso en sociedades tradicionales patriarcales y autoritarias. Aunque su tiempo en el poder estuvo marcado por la controversia y el conflicto, su figura es recordada como una inspiración para las mujeres en todo el mundo y para aquellos que buscan justicia y reformas sociales. Bhutto rompió barreras de género en el mundo musulmán, demostrando que las mujeres podían liderar y enfrentar desafíos significativos en cualquier ámbito.

Bhutto también inspiró a futuras generaciones de activistas y políticos pakistaníes, y su lucha por la democracia en un país de mayorías conservadoras y con profundas divisiones sigue siendo un recordatorio de los desafíos y sacrificios que enfrentan aquellos que buscan justicia social y cambio político. Su vida y su muerte subrayan la complejidad de la política en Pakistán, así como la fuerza y el valor de una mujer que luchó hasta el final por su país y su gente.

22. Wangari Maathai

Fue una activista ambiental, política y académica keniata, conocida mundialmente como la fundadora del Movimiento Cinturón Verde. Maathai fue la primera mujer africana en recibir el Premio Nobel de la Paz, en 2004, en reconocimiento a su labor en la defensa del medio ambiente, la justicia social y los derechos humanos. Su legado reside en la creación de un movimiento ambientalista en África, la promoción de los derechos de las mujeres y la justicia social, así como en su esfuerzo por concientizar sobre la importancia de la sostenibilidad y el desarrollo ecológico.

Wangari Maathai nació el 1 de abril de 1940 en el distrito de Nyeri, en el centro de Kenia, en una comunidad agrícola. Desde pequeña mostró una gran curiosidad por el mundo natural que la rodeaba y por la vida de las plantas y los árboles, los cuales desempeñaban un papel central en su cultura y en el sustento de su comunidad. En una época en la que pocas mujeres tenían acceso a la educación en Kenia, Maathai fue una estudiante destacada, y, gracias a una beca, estudió Biología en la Universidad de Mount St. Scholastica en Kansas, Estados Unidos. Continuó sus estudios en la Universidad de Pittsburgh, donde obtuvo una maestría, y posteriormente se convirtió en la primera mujer de África Oriental y Central en obtener un doctorado, completándolo en la Universidad de Nairobi.

En la década de 1970, Maathai comenzó a notar el deterioro ambiental en su país debido a la deforestación masiva, la erosión del suelo y la escasez de agua, que afectaban gravemente la calidad de vida de las comunidades rurales. Esta situación inspiró a Maathai a fundar el Movimiento Cinturón Verde en 1977, cuyo objetivo era promover la reforestación y restaurar el medio ambiente, además de generar empleo para las mujeres rurales. El movimiento alentaba a las mujeres a plantar árboles en sus comunidades como una forma de contrarrestar los efectos negativos de la deforestación y proporcionar fuentes de agua y leña sostenibles.

Bajo su liderazgo, el Movimiento Cinturón Verde movilizó a millares de mujeres keniatas, empoderándolas y brindándoles la capacitación y los recursos necesarios para plantar millones de árboles en Kenia y en otras partes de África. Este esfuerzo no solo fue una acción medioambiental, sino también un movimiento social que buscaba mejorar la vida de las mujeres y sus comunidades, promoviendo su independencia económica y su rol activo en la preservación de su entorno.

La visión de Wangari Maathai iba más allá de la reforestación. Estaba comprometida con la justicia social y los derechos humanos, en especial los de las mujeres y las comunidades vulnerables. Maathai creía que los problemas ambientales y la pobreza estaban profundamente interconectados, y que el daño ambiental era también una forma de injusticia que afectaba de manera desproporcionada a los sectores más desfavorecidos de la sociedad.

Su activismo ambiental la llevó a enfrentarse al gobierno de Kenia en múltiples ocasiones, especialmente en su lucha contra la corrupción, el abuso de poder y el acaparamiento de tierras públicas. En uno de sus actos de resistencia más emblemáticos, Maathai lideró una campaña para detener la construcción de un rascacielos en el Parque Uhuru en Nairobi, una de las pocas zonas verdes de la ciudad. Gracias a la presión de la opinión pública que generó su protesta, el proyecto fue cancelado, marcando una gran victoria para el activismo ambiental en Kenia y demostrando la capacidad de Maathai para desafiar a las autoridades en nombre del bien común.

En 2004, Wangari Maathai se convirtió en la primera mujer africana en recibir el Premio Nobel de la Paz, en reconocimiento a su contribución al desarrollo sostenible, la democracia y la paz. La concesión del premio fue un reconocimiento a su trabajo pionero en la defensa del medio ambiente como parte integral del bienestar social y de los derechos humanos. En su discurso de aceptación, Maathai destacó la importancia de restaurar el equilibrio entre el ser humano y la naturaleza, y de reconocer que el respeto hacia el entorno es esencial para lograr una paz duradera.

Este reconocimiento internacional ayudó a que su labor socialista y social se extendiera a nivel global, y Maathai se convirtió en una voz influyente en el movimiento ambientalista internacional, participando en conferencias y eventos de alto perfil, y promoviendo su visión de desarrollo ecológico en todo el mundo.
Wangari Maathai dejó un legado profundo en el ámbito de la sostenibilidad ambiental y en la defensa de los derechos humanos en África. Su Movimiento Cinturón Verde ha plantado más de 51 millones de árboles en África, y continúa siendo una organización activa y respetada en la lucha por la conservación y la restauración del medio ambiente. Su enfoque innovador al combinar los temas de justicia ambiental, empoderamiento de la mujer y sostenibilidad ha inspirado a numerosas organizaciones y movimientos en todo el mundo.

El impacto de Maathai también se extiende al empoderamiento de las mujeres rurales, ya que les brindó las herramientas para tomar un rol activo en el cuidado del medio ambiente, demostrando que ellas pueden ser líderes en la lucha contra el cambio climático y la degradación ambiental. Su vida es un testimonio de cómo una sola persona, con determinación y compromiso, puede transformar tanto la conciencia social como el panorama ecológico de una nación.

Además, el trabajo de Maathai sirvió como base para que las futuras generaciones de líderes y activistas ambientales en África continúen promoviendo el desarrollo sostenible y la justicia social, integrando prácticas que respetan y preservan el entorno natural.

Su legado sigue vivo en cada árbol plantado y en cada persona inspirada por su causa, y representa una visión de un mundo en el que la paz, la justicia y la sostenibilidad ambiental están profundamente conectadas.

23. Amelia Earhart

Fue una pionera de la aviación estadounidense y una de las figuras más emblemáticas de la aviación femenina en el mundo. Su legado perdura como símbolo de valentía y perseverancia, y su vida inspiró a mujeres de todas las generaciones a perseguir sus sueños sin importar los obstáculos. Earhart fue la primera mujer en volar sola sobre el océano Atlántico y en realizar numerosos récords aéreos, desafiando las limitaciones de género de su época.

Amelia Mary Earhart nació el 24 de julio de 1897 en Atchison, Kansas, Estados Unidos. Desde pequeña, Amelia mostró una personalidad independiente y curiosa, destacándose en deportes como el baloncesto y en actividades tradicionalmente masculinas. Earhart comenzó su educación en varios colegios, ya que su familia se mudó con frecuencia debido a la inestabilidad financiera de su padre. Su amor por la aviación comenzó cuando asistió a una feria aérea en 1920 y tuvo su primera experiencia de vuelo en un avión biplano. Desde entonces, decidió que aprendería a volar y, en 1921, empezó a tomar lecciones con Anita "Neta" Snook, una instructora de vuelo pionera.

Amelia Earhart sobresalió en el ámbito de la aviación, un campo dominado por hombres en el que, desde sus inicios, rompió récords y demostró una habilidad extraordinaria. En 1922, apenas un año después de comenzar a volar, logró su primer récord de altitud femenino al alcanzar los 14.000 pies (4.300 metros). En 1928, Earhart fue la primera mujer en cruzar el Atlántico como pasajera en un vuelo que recibió gran cobertura mediática, aunque este logro aún no satisfacía su ambición de ser la primera en cruzarlo sola.

El 20 de mayo de 1932, Earhart se convirtió en la primera mujer y la segunda persona (después de Charles Lindbergh) al cruzar el Atlántico sola. Voló desde Terranova hasta Irlanda, en un trayecto de aproximadamente 15 horas. Este hito consolidó su fama y respeto como aviadora, y recibió la Cruz de Vuelo Distinguido del Congreso de los Estados Unidos. A partir de ese momento, Earhart continuó estableciendo récords de distancia y altitud y promovió la aviación comercial, la cual estaba apenas emergiendo.

Amelia Earhart fue una activista comprometida con los derechos de la mujer y la igualdad de género. Utilizó su fama para abogar por el lugar de las mujeres en profesiones tradicionalmente masculinas y desafió los estereotipos de género de su época. Fue cofundadora y primera presidenta de las Ninety-Nines, una organización para mujeres piloto creada en 1929 que sigue existiendo hoy y que busca apoyar y visibilizar a mujeres en la aviación.

Earhart también escribió artículos y realizó numerosas charlas en las que alentaba a las mujeres a seguir sus ambiciones y a no limitarse por las convenciones sociales. Su lema "las mujeres, como los hombres, deben intentar hacer lo imposible" reflejaba su creencia en la igualdad de oportunidades y el poder de la determinación.

En 1937, Amelia Earhart emprendió su viaje más ambicioso: un vuelo alrededor del mundo. Junto con su navegante, Fred Noonan, Earhart planeaba recorrer aproximadamente 29.000 millas (47.000 kilómetros) en 40 días. El vuelo comenzó el 1 de junio de 1937 en Miami, Florida, y se desarrolló con éxito en sus primeras etapas. Sin embargo, el 2 de julio, durante una de las últimas etapas de su viaje, el avión de Earhart desapareció mientras volaba sobre el océano Pacífico, cerca de la isla Howland, sin que se pudiera establecer contacto con su equipo de apoyo.

A pesar de una intensa búsqueda que involucró al gobierno de los Estados Unidos, nunca se encontró rastro de Earhart o Noonan, lo que convirtió su desaparición en uno de los misterios más intrigantes de la aviación. Desde entonces, han surgido diversas teorías sobre su destino, incluyendo la posibilidad de un aterrizaje forzoso en una isla deshabitada o la caída del avión en el océano.

Amelia Earhart es recordada como una leyenda en la aviación y como una pionera de los derechos de la mujer. Su valentía y sus logros desafiaron las expectativas de género de su época y abrieron puertas para las mujeres en áreas previamente inaccesibles.

Earhart demostró que las mujeres podían destacarse en la aviación y en cualquier otro ámbito, marcando un hito en la historia de la igualdad de género.

La figura de Amelia Earhart simboliza tanto el espíritu pionero como la pasión por romper barreras.

24. Virginia Woolf

Fue una destacada escritora y ensayista británica, reconocida como una de las voces literarias más influyentes del siglo XX. Woolf es famosa por sus innovadoras técnicas narrativas, su estilo introspectivo y su profundo análisis de la psicología humana. Su legado reside tanto en su contribución a la literatura moderna como en su impacto en el feminismo y en el papel de las mujeres en la cultura intelectual.

Adeline Virginia Stephen nació el 25 de enero de 1882 en Londres, Inglaterra, en el seno de una familia intelectual. Su padre, Sir Leslie Stephen, fue un renombrado historiador y editor, y su madre, Julia Stephen, era modelo y enfermera. Desde pequeña, Woolf estuvo rodeada de libros, y el ambiente cultural de su hogar la impulsó a desarrollar una temprana pasión por la lectura y la escritura. A pesar de no recibir una educación formal completa, como era común para las mujeres de su época, Woolf tuvo acceso a la biblioteca de su padre y aprendió de manera autodidacta.

La vida de Woolf estuvo marcada por experiencias traumáticas, incluida la muerte de su madre cuando ella tenía 13 años y la de su padre cuando tenía 22. Estas pérdidas la sumieron en episodios de depresión que la acompañaron a lo largo de su vida. Los trastornos mentales que padeció fueron una constante, pero también influyeron en su perspectiva y en la forma en que describía la vida y la mente humana en sus obras.

Virginia Woolf sobresalió en la literatura, especialmente en la novela moderna, gracias a su estilo experimental y su habilidad para plasmar la subjetividad y el flujo de pensamientos en sus personajes. Con obras como La señora Dalloway (1925), Al faro (1927) y Las olas (1931), Woolf empleó una técnica innovadora conocida como "monólogo interior" o "flujo de conciencia", la cual exploraba los pensamientos íntimos y la percepción individual. de sus personajes.
En La señora Dalloway, por ejemplo, Woolf narra un solo día en la vida de Clarissa Dalloway, mostrando las complejidades de su mente y las múltiples capas de su vida social y emocional. Esta obra, que sigue siendo una de sus más reconocidas, destaca su habilidad para capturar la vida interna de sus personajes de una manera introspectiva y poética, lo que marcó una evolución en la narrativa moderna.

Con Orlando (1928), Woolf también demostró su audacia al explorar temas de identidad y género. La novela cuenta la historia de un personaje que cambia de sexo y vive a través de siglos, y desafía las convenciones de género y sexualidad. La relación de Woolf con la escritora Vita Sackville-West, que se inspiró en parte de esta obra, influyó en la exploración de estos temas.

Además de su obra literaria, Virginia Woolf fue una de las pensadoras feministas más influyentes de su tiempo. En su ensayo Una habitación propia (1929), Woolf defendió la importancia de la independencia económica y del espacio personal para que las mujeres pudieran dedicarse a la escritura y al arte. Esta obra introdujo la famosa frase: "Una mujer debe tener dinero y una habitación propia si quiere escribir ficción", frase que se ha convertido en un símbolo de la lucha feminista por la igualdad de oportunidades.

En Tres guineas (1938), Woolf analizó el papel de las mujeres en la sociedad y cómo el patriarcado afectaba tanto a hombres como a mujeres, profundizando en temas de educación, economía y participación política. Su visión crítica de las desigualdades de género y su defensa de una "sociedad de iguales" adelantaron ideas que más tarde serán fundamentales en el movimiento feminista de la segunda mitad del siglo XX.

A lo largo de su vida, Virginia Woolf se enfrentó a varios episodios de depresión y crisis nerviosas, exacerbadas por el estrés y los traumas personales. Su enfermedad mental se manifestó de manera intermitente, alternando períodos de creatividad con etapas de profunda angustia y pensamientos suicidas. Pese a estos desafíos, Woolf continuó escribiendo y creando, encontrando en la literatura un refugio y un medio para explorar sus experiencias internas.

El 28 de marzo de 1941, tras una profunda crisis de depresión, Woolf abandonó la vida ahogándose en el río Ouse, cerca de su casa en Sussex. En su nota de despedida a su esposo, Leonard Woolf, expresó su amor y gratitud, y habló de su lucha con la enfermedad mental.

Virginia Woolf dejó un legado profundo en la literatura y en el feminismo. Su experimentación con la narrativa y su habilidad para retratar la vida interna de sus personajes la convirtió en una precursora de la literatura moderna. Su técnica narrativa y su estilo introspectivo influenciaron a generaciones de escritores, desde William Faulkner hasta Gabriel García Márquez y Toni Morrison, quienes han destacado su habilidad para explorar las complejidades de la mente humana.

Su visión feminista y sus escritos sobre la independencia de la mujer sentaron las bases de lo que sería el feminismo literario. Una habitación propia y Tres guineas siguen siendo lecturas fundamentales en los estudios de género y literatura, y sus ideas sobre la importancia de la libertad económica y emocional de las mujeres continúan inspirando a activistas y escritoras.

Virginia Woolf es recordada como una figura revolucionaria que transformó la forma en que percibimos y expresamos la literatura, la vida y la identidad. Su lucha personal, su valentía para desafiar las convenciones y su habilidad para plasmar la complejidad humana en palabras hicieron de ella una pionera, cuyo impacto resuena hoy en el arte, la literatura y los estudios feministas.

25. Aung San Suu Kyi

Es una figura política y activista birmana que ha sido ampliamente reconocida por su lucha pacífica por la democracia y los derechos humanos en Myanmar (Birmania). Su compromiso con la no violencia y su liderazgo en la resistencia a la dictadura militar de su país le valieron el Premio Nobel de la Paz en 1991. Sin embargo, su legado se ha vuelto controvertido en años recientes debido a las críticas internacionales por su respuesta a la crisis de derechos humanos en Myanmar en relación con el trato a la minoría rohingya.

Nació el 19 de junio de 1945 en Rangún, Birmania (actual Yangon, Myanmar), hija de Aung San, un héroe de la independencia birmana, y de Khin Kyi, una diplomática. Su padre fue asesinado cuando ella era niña, un evento que dejó una profunda huella en su vida. Educada en Birmania y en India, Aung San Suu Kyi se trasladó a Inglaterra para continuar sus estudios en la Universidad de Oxford, donde estudió Filosofía, Política y Economía. Durante su estancia en el Reino Unido, conoció a su futuro esposo, el académico británico Michael Aris, con quien tuvo dos hijos.

Años después, en 1988, regresó a Myanmar para cuidar de su madre enferma, pero su visita coincidió con un período de gran agitación política en el país. La dictadura militar que había controlado Myanmar durante décadas enfrentaba una creciente oposición popular, y Aung San Suu Kyi pronto se convirtió en un símbolo de la resistencia pacífica contra el régimen.

Inspirada por figuras como Mahatma Gandhi y Martin Luther King Jr., Aung San Suu Kyi adoptó un enfoque de no violencia para enfrentar al régimen militar. Fundó la Liga Nacional para la Democracia (NLD) en 1988 y promovió una transición pacífica hacia un gobierno democrático. Pronto, su liderazgo y su popularidad entre el pueblo birmano la convirtieron en una amenaza para el gobierno militar, y en 1989 fue puesta bajo arresto domiciliario, una medida destinada a limitar su influencia en la oposición política.

Aung San Suu Kyi pasó casi 15 de los siguientes 21 años en arresto domiciliario, pero continuó siendo una figura simbólica en la lucha por los derechos humanos y la democracia. En 1990, a pesar de su arresto, la NLD obtuvo una mayoría aplastante en las elecciones generales, pero la junta militar anuló los resultados y continuó en el poder. Durante estos años, la comunidad internacional reconoció el sacrificio personal y el compromiso de Aung San Suu Kyi con la causa de la libertad, otorgándole en 1991 el Premio Nobel de la Paz. En su discurso de aceptación, su esposo y sus hijos hablaron en su nombre, destacando su valentía y su dedicación a los principios de paz y justicia.

En 2010, Aung San Suu Kyi fue finalmente liberada de su arresto domiciliario y volvió a liderar la NLD. En las elecciones de 2015, la NLD obtuvo una victoria contundente, y aunque la constitución birmana le impidió convertirse en presidenta, se creó el cargo de consejera de Estado para que ella pudiera gobernar como la líder de facto del país.

Su ascenso al poder fue recibido con gran entusiasmo y esperanza por el pueblo birmano y la comunidad internacional, quienes veían en ella un símbolo de justicia y democracia. Sin embargo, una crisis de derechos humanos se desató en 2017 cuando el ejército birmano llevó a cabo una violenta represión contra la minoría musulmana rohingya, lo que resultó en millares de muertos y el desplazamiento de más de 700.000 personas hacia Bangladesh. La respuesta de Aung San Suu Kyi fue percibida como pasiva y, en algunos casos, defensiva hacia las acciones del ejército, lo que generó críticas generalizadas y la desilusión de quienes antes la consideraban un ícono de los derechos humanos.

El legado de Aung San Suu Kyi es complejo. Por un lado, su liderazgo en la lucha por la democracia inspiró a generaciones de personas en Myanmar y en todo el mundo. Su sacrificio personal y su dedicación a una causa justa, incluso cuando estaba en arresto domiciliario, la convirtió en una figura respetada y admirada. Como una de las pocas mujeres en la historia que han liderado un movimiento de resistencia pacífica contra un régimen militar, Aung San Suu Kyi sigue siendo un símbolo de valentía y persistencia para muchos.

Sin embargo, su legado se ha visto empañado por su respuesta a la crisis de los rohingya, lo que ha llevado a que algunos de sus premios y honores internacionales hayan sido cuestionados e incluso retirados. Esta situación ha suscitado debates sobre la complejidad del liderazgo político en situaciones de conflicto y las limitaciones de actuar en un sistema todavía en gran medida controlado por el ejército.

La historia de Aung San Suu Kyi continúa siendo una fuente de reflexión sobre los dilemas morales y éticos que acompañan al poder, así como sobre las dificultades de implementar cambios genuinos en contextos políticos desafiantes.

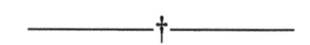

---†---

Otros libros del autor Phillips Tahuer que encontrarás en esta plataforma:

Contenido de la Enciclopedia de los Misterios

Volumen 1:
Cap.1 Personajes enigmáticos
Cap.2 Historias perdidas
Cap.3 Seres misteriosos
Cap.4 Superpoderes
Cap.5 Pasado tecnológico

Volumen 2:
Cap.1 Arquitectura intrigante
Cap.2 Culturas misteriosas
Cap.3 Fenómeno OVNI
Cap.4 Abducciones
Cap.5 El Triángulo de las Bermudas

Volumen 3:
Cap.1 Objetos misteriosos

Cap.2 Asombrosas desapariciones
Cap.3 Sucesos sin explicaciones
Cap.4 Mundo fantasmagórico
Cap.5 Hechizos y brujería

Volumen 4:
Cap. 1 Misterios religiosos
Cap. 2 Misterios científicos
Cap. 3 Animales imposibles
Cap. 4 Viajes en el tiempo
Cap. 5 Videntes y profecías

Volumen 5:
Grandes misterios sin resolver

Otros títulos del autor:

Libro 6:
Las más grandes teorías conspirativas

Libro 7:
Grandes atracos de la historia

Libro 8:
Asesinos famosos -el lado perverso de la mente-

Libro 9:
Vidas en cautiverio –Historias de secuestros reales-

Libro 10:
Agentes, informantes y traidores -el mundo del espionaje-

Libro 11:
Piratas del siglo XXI

Libro 12:
Amores trágicos

Libro 13:
30 curiosidades de la II Guerra Mundial

Libro 14:
Oscuros experimentos en humanos

Libro 15:
Héroes de la vida real

Libro 16:
Hombres poderosos en la historia moderna

Libro 17:
Historias de San Valentín

Libro 18:
Lecciones de Psicología práctica

Libro 19:
Desertores

Libro 20:
Atentados y Magnicidios

Libro 21:
Ases de la aviación